公共政策論

中川雅之 [著]

ベーシック＋プラス
Basic Plus

中央経済社

はじめに

　はじめに，僕がこの教科書でみなさんにお伝えしたかったことを，お話しします。僕は 2003 年度まで 19 年間，国土交通省で政策の企画立案に携わっていました。すごくしんどかったですが，大きなやりがいもありました。ただ，その企画立案プロセスに正しいやり方があるわけではありません。やっていたのは，世論，立法府（政治），地方公共団体，各種団体の声を聴きながら，それを実現可能なものとしてまとめあげるという感じでしょうか。そもそも誰の言っていることが本当に正しいのか，様々な意見のどれを重視すればいいのか，つまり「正しいやり方」をしているのか，という自信のなさは，常につきまとっていました。

　その後，経済学の教師になって，今に至っています。経済学は，僕にとって非常に魅力的なものでした。提案されている公共政策が「正しいか」，「正しくないか」を教えてくれるからです。それは経済学が，17 世紀以来科学の理想とされてきた，「公理や定義から出発する演繹的体系を備えた数学や論理学に似た構造を備えた学問」であることに，多くを負っています。

　しかし最近，『倫理学ノート』（清水幾太郎［2000］）の一節にはっと胸を突かれる思いをしました。それは経済学者のハロッド（R. Harrod）の講演の趣旨を解説したものです。

（解決しなければならない）「これらの問題は，社会科学や社会研究の或る狭い専門の内部で設けられた問題ではない。その専門に属する人々の間で，アカデミックな約束に従って設けられ且つ応えられる問題ではない。（中略）多くの素人が発言の必要と権利とを持つのは，当の問題の発生および処理が彼らの生活上の利害と幾重にも絡み合っているためである。」

　このような問題を解決するのが公共政策だとすれば，様々な学問分野と実

務の広範な協力が必要になります。しかし，分野を超えた協力は日々続けられているものの，必ずしも大きな成功を収めるには至っていません。このため，ハロッドが「それだけではない」と述べた，演繹的体系で「あえて」公共政策の中身と決められ方を説明してみようと思ったのが，本書執筆の大きな動機です。そのことによって，演繹的体系で説明しきれていない部分がどこにあるのか，ハロッドが，「社会学者にとって大切なのは，ハードな科学の真似をして，事柄の生きた実質を捨ててしまうことではなく，（中略）事実に関する多くの知識を蓄積することと，人間というものについて深い理解を持つこととである」（清水［2000]）というものが浮かびあがるように思えたのです。

▶本書の特徴と構成

　本書の特徴は公共政策で「何をやるか」，それを解決するために「何を用いるのか」，それを「どうやって決定するのか」について，経済学と数理政治学などの演繹的体系で一度整理をしてみたことにあります。しかし，そのような演繹的な体系で説明できる範囲は，一部にすぎません。このため，本書の解説を受けて，「何が現実と異なるのか」，「それは演繹的体系による理解が不完全なのか，それとも現実に課題があるのか」を是非議論していただきたいと思います。

　そうは言っても，人口減少時代に必要な公共政策は，演繹的体系が提供する原理原則を，今まで以上に重視する必要があるかもしれません。本書では，演繹的体系から示唆される公共政策のあるべき姿，それが持つ課題を克服するための政策技術についても解説しています。これに付け加える事例，ご自身のアイディアを是非議論していただきたいと思います。

　本書は3部構成です。第Ⅰ部では，今述べている問題意識がより詳細に解説されています。それを発展させる形で，第Ⅱ部では公共経済学で扱われる標準的なテーマが解説されています。公共経済学では，公共政策が何を解決しなければならなくて，どう解決するべきかについても一定の解答を与えて

くれます。しかし，それは，政治的に決定されなければなりません。第Ⅲ部ではその政治的決定がどんな結論をもたらすのかが，公共選択論や数理政治学を用いて解説されます。「どういう公共政策が求められているのか」，「政治的な過程ではどのような決定が行われるのか」をバラバラに学ぶのではなく，同じ演繹的体系による説明で理解をしてもらうことが，本書の最も大きな目的です。そして第Ⅲ部では，この2つを結び付けるための政策技術の現状が紹介されています。

▶本書の使い方

本書は公共政策に関する「学び」の入門書です。経済学，政治学，行政学，法律学，工学をはじめとした各種の専門分野からの解説は，多くの優れたテキストがあります。公共政策学などの学際的な研究分野においても同じです。本書の新しさは，学際的なテーマを同時に演繹的体系で説明したところです。このことによって，理論と現実の乖離についての気づきをもってもらって，ご自身で考え，ディスカッションを重ねていただきたいと思います。

このため，経済学，政治学，行政学のテキストとしてだけではなく，総合政策学部など学際的な教育組織においても是非使用していただきたいと思っています。また，かつての僕のように実際に公共政策の企画立案，執行に携わっている実務の方，シンクタンクの方にも是非お読みいただければと思っています。

▶謝　辞

まず，このような問題意識を持つきっかけを与えて頂いた，日本公共政策学会，日本計画行政学会の先生がたに感謝を申し上げます。2022～2023年度にかけて両学会の会長を務めさせていただき，何もできなかったという後悔が先立ちますが，先生がたとの交流は，大きな問題意識を僕の中で育んでくれました。また，前述の『倫理学ノート』をご紹介いただいた，手塚広一

郎教授にも同趣旨の感謝を申し上げます。また，鷲見英司教授，安田昌平専任講師，寺山椋さん，木戸拓海さん（以上，日本大学），神田玲子 NIRA 総合研究開発機構理事には貴重なコメントをいただきました。さらに，このような機会を与えていただいた，中央経済社の市田由紀子さんにこの場を借りて，感謝の意を表します。

2025 年 1 月

中川　雅之

参考文献
●清水幾太郎［2000］『倫理学ノート』講談社。

▶▶▶目次

はじめに··001

第 1 章 「公共政策論」とは？···009

1 公共政策のとらえ方···009

2 経済学による公共政策のとらえ方·································013

3 首長の公共政策のアジェンダ·······································018

4 学際的研究による公共政策のとらえ方·························021

第 I 部 公共政策の対象

第 2 章 外部性··026

1 外部性の理論···027

2 どのようにして外部性に対応するのか··························030

3 外部性対策の難しさ（カーボンニュートラル）···············036

第 3 章 公共財··041

1 公共財の理論···041

2 どのようにして公共財を供給するのか··························050

3 適切な公共財供給の難しさ（子ども・子育て支援）···········054

第 4 章 情報の非対称性··059

1 情報の非対称性の理論···059

2 どのようにして情報の非対称性に対応するのか···············063

005

3 情報の非対称性への対応の難しさ（資格）――070

第 5 章　不完全競争――077

1 不完全競争の理論――077

2 どのようにして不完全競争に対応するのか――081

3 不完全競争への対応の難しさ（ユニバーサルサービス）――086

第 6 章　公正性，公平性――091

1 公正性，公平性に関する理論――091

2 どのようにして所得再分配を実施するのか――097

3 所得再分配の難しさ（負の所得税）――103

第 II 部　政治的な決定

第 7 章　投票による集団的意思決定――110

1 集団的意思決定に関する理論――112

2 様々な投票方法（直接民主制）――115

3 社会的余剰を最大にする集団的意思決定――124

第 8 章　間接民主制――129

1 間接民主制の理論（政策空間が1次元の場合）――130

2 間接民主制の理論（政策空間が多次元の場合）――133

3 間接民主制の課題――139

第9章 集団的意思決定を支える市民 ————147

1 市民と投票 ————147

2 市民の立候補 ————155

3 立候補する市民のパーソナリティ ————158

第10章 集団的意思決定を支える様々なプレイヤー ————163

1 官　僚 ————163

2 利益団体 ————172

3 利益団体への向き合い方 ————176

第III部 新しい政策技術

第11章 人口減少時代の公共政策 ————180

1 負のショックに対する公共政策の課題 ————182

2 人口減少時代の効率化政策 ————185

3 効率化政策の痛みの緩和 ————189

4 人口減少時代の計画の役割 ————193

第12章 費用便益分析のアップデート ————199

1 費用便益分析 ————201

2 広義の経済効果の評価 ————205

3 人口減少時代の評価システムとしての意義 ————212

第13章 実験的評価手法 215

1 従来の政策評価手法 216

2 これまで行われてきた実験的評価手法 218

3 望ましい実験的評価手法 219

4 実験的評価手法の実例 225

第14章 集団的意思決定の補完 232

1 公共施設の整理・統合に関する課題 233

2 公共施設の整理・統合に関する集団的意思決定 242

3 集団的意思決定の新しい技術 246

索　引 252

第 **1** 章 「公共政策論」とは？

Learning Points

▶公共政策について，経済学のとらえ方はどのような特徴を持つのか。
▶現実の公共政策の形成過程は，どのようなものとして受け止められるか。
▶よりよい公共政策の形成を行うためには，何を理解すればいいのか。

Key Words

公共経済学　公共政策学　アジェンダ設定

1 公共政策のとらえ方

1.1 多様な公共政策論

　公共政策と言われると，みなさんは何となくイメージできるけど，本当の
ところ「何を指しているのか」，すごく曖昧な印象を受けるのではないで
しょうか。「中央政府，地方政府が行っているすべてのこと」というのは実
感に近いかもしれませんが，今は NPO，NGO，ひいては企業，市民も広い
意味で「公共政策」に該当しそうな活動を行っています。SDGs などはそう
ですね。そもそも政府と名の付く組織，一般に公共部門と呼ばれる機関が
行っていることを，公共政策と呼ぶのであれば，トートロジーで何も言って
いないに等しいです。

　公共政策と呼ばれるものについては，伝統的に法学，政治学，行政学，経
済学という確立した学問領域で主要な研究テーマの1つとして扱われてきま
した。また，政策決定プロセスの合理化を目指した**政策科学**と呼ばれる取り

009

組みを1つのきっかけとして発展した，公共政策学などの学際的な取り組みにおいても，「公共政策は今どうあって」，「どうあるべきなのか」が追究されています。このため「公共政策を論じる」のが「公共政策論」だとすれば，アプローチの数だけ「公共政策論」があることになります。

　いわゆる「公共政策」と呼ばれるものには様々な側面があり，その多様性が顕著になっているため，「様々な専門家が様々なことを言う」というのはある意味健全なことかもしれません。しかし，受け止める側，つまり公共政策の実施を担う実務者，受け止める市民としては混乱するでしょう。また，あるアプローチを学んだ方が，別のアプローチを学んだ方との間で，直面する問題について合意が成り立たない，あるいは会話さえも成り立たないというのはお互いに不幸なことのようにも思えます。「公共政策」の「様々な受け止め方」は，なぜ異なるのか，それを乗り越えようとする試みは行われているのか，それとも異なったものは異なったものとして受け止めざるを得ないのかについて，理解を深めた方がよさそうです。

　本書は様々な「公共政策を論じる」アプローチのうち，非常に特徴的なアプローチがあることに注目します。それは経済学によるアプローチです。「得られるすべての情報を集めて，自己利益を合理的に計算して追求する人間像」（**合理的経済人**）を分析の前提とし，後ほど詳細に説明する**完全競争市場**など様々な仮定を置くことで，経済学はあるべき公共政策を議論できるという立場に立っています。このため経済学の公共政策のとらえ方は，大胆な割り切りがあって，わかりやすい側面があります。

　しかし，その割り切りは，公共政策の現場の感覚から大きくズレているように感じられることもあります。筆者は，今は大学で経済学を教えていますが，20年前までは中央政府で政策の企画立案を行っていました。経済学者が言っていることについて，「そんなこと言われてもな」と思ったのは今でも覚えています。

　本書では経済学の理論と，それと親和性の高い**数理政治学**などにおける公共政策の分析を中心に解説を行います。そして実務との間に生じる，感覚のズレを認識しながらも，それを埋めるための試みを探ってみようと思います。

「あるべき姿がある」という主張は本当なのか，現実的なのか，それに近づく手段があるのかという議論は，公共政策をよりよいものとするためには，意味のあることだと筆者は考えるからです。

1.2 公共政策のとらえ方の違い

例えば，経済学，特に公共政策の在り方を専門に扱ってきた**公共経済学**では，

- 議論，検討の対象となる「公共政策のアジェンダ」は客観的に設定されている

と考えることに特徴があります。一方，学際的な学問として現実の記述や評価を行ってきた**公共政策学**などでは，

- 公共政策のアジェンダは様々なプレイヤーのゲーム的な交渉，ランダムな要素によって決まる

と考えているように見えます。これは経済学の特徴でもある，市場メカニズムに対する強烈な信頼の有無に基づく相違です。この強烈な信頼があるからこそ，公共経済学では

- **「市場の失敗」**という場面と，「効率性以外の価値基準を追求しなければならない」場面が公共政策の出番であり
- 正しい「市場の失敗」への対処の仕方は，客観的，技術的に決まっている

と考えます。このため，公共政策を担うプレイヤーの裁量の余地は，比較的限定されています。どちらかというと，正しい市場の失敗への対処方法があるのに，集団的な意思決定がうまくできない**「政府の失敗」**があるため，様々な公共政策がうまく機能していない，という立場です。

しかし，公共政策の実務を担っている人たち，学際的な学問である公共政策学などにおいては，そんなに限定的なとらえ方をしていません。それは市場メカニズムに対してそこまで強い信頼をもっておらず，市民を含めた公共政策を実際に担っている人の努力を尊重しているからかもしれません。それ

が故に，すべての「生じている何らかの問題」が公共政策の対象のように見えたり，現実の記述を重視したことから，「あるべき姿やそれに近づく対処法」などの原理原則が伝わらない印象を与えてしまうのかもしれません。

それでも，ものすごく困っている人がいて，誰からも助けてもらえないのであれば，その人にかけてあげる言葉は「それは市場の失敗ではないから，自分で何とかして」ではないですよね。一方，「困っている」というすべての人に対して「行政に，政治にはたらきかけて何とかしましょう」でもないように思います。

1.3　人口減少時代の「公共政策論」

これから日本は人口減少，少子高齢化が本格化します。その中で，様々な軋轢が生まれたり，困りごとを抱える人が増えていくでしょう。それに伴い，日本や各地域が中長期的に直面するであろう状況を，「どう説明し」，「何を自らやってもらい」，「何を公共政策が分担するか」を政府と市民が一緒に考えていく機会が増えそうです。

本書は「人口減少時代の公共政策」について，基本的には経済学のロジックを中心とした議論を行っています。それは，これからの日本の公共政策は，目の前の問題を片っ端から解決することよりも，原理原則に沿って，痛みを伴う選択肢を選ばなければならない場面が増えるのではないかと予想するからです。それでも，現実的な公共政策の形成過程を踏まえなければ，何も実現しません。その2つの側面を両立させたメッセージが発信できたらと思っています。

まず本章では，経済学と公共政策学がとらえる公共政策の形成過程の違いに注目をして解説します。

2 経済学による公共政策のとらえ方

2.1 市場のはたらき

まず初級レベルのミクロ経済学の復習を行います。ここで市場というのは，消費者と企業が自らの意思決定に基づいて消費や生産を行い，財やサービスを自由に取引する場を指します。**図表1−1**には，財X市場の需要曲線と供給曲線が描かれています。需要曲線は価格が低いほど，たくさんの人が財Xを欲しがりますので右下がりに，供給曲線は価格が高いほど企業の利潤が増えるので，多くの生産が行われることから右上がりに描かれています。ある価格において需要量が供給量を上回っている場合（超過需要），高い価格でも財Xが欲しいという人がいますから，価格は上昇します。一方で，ある価格において需要量が供給量を下回っている場合（超過供給）は，価格を下げてでも売りたいという企業がいますから，価格は下落します。このため市場均衡は需要曲線と供給曲線の交点で決まり，市場均衡価格はP_0，均衡取引量はX_0となります。

ここで重要なのは，このような市場は，多くの消費者（買い手）と多くの企業（売り手）で構成されていて，個々の消費者や企業の行動は価格に影響を与えることができないという性質です。つまり**図表1−1**で決まった価格について，消費者も企業もそれをみて，買おうか買うまいか，売ろうか売るまいかを決めますが，個々の消費者，企業がどれだけ買ったり，売ったりしても，**図表1−1**の価格に影響を与えることができないのです。このような消費者や企業を**プライステイカー**（価格受容者）と呼びます。そして，プライステイカーである消費者と企業だけで構成されている市場を，完全競争市場と呼びます。

図表1−1左下には，価格が与えられた場合の消費者の状態，右下には価格が与えられた場合の企業の状態が描かれています。

013

2.2 消費者余剰

図表1－1左下の需要曲線の横軸を出発点として縦方向に見た場合，縦の高さは，横軸に示されている財 X の量から追加的に1単位を消費した場合に，消費者がどれだけの価値を感じているか，つまり限界効用を示すものと解釈することができます。

それはなぜでしょうか。X_1 番目の財 X の需要曲線の高さは，消費者がそれを手に入れるために，最大限支払ってもいい価格（付け値）と考えることができます。では，なぜ消費者は，X_1 番目の財 X にそれだけの価格を支払ってもいいと思うのでしょうか。それは，X_1 番目の財 X にそれだけの効用（満足感）を感じているからです。これを**限界効用**といいます。限界効用よりも高い価格を支払うと，消費者は損をしてしまいますから，それ以上支払おうとしません。

図表1－1 ▶▶▶市場メカニズムが社会にもたらすもの

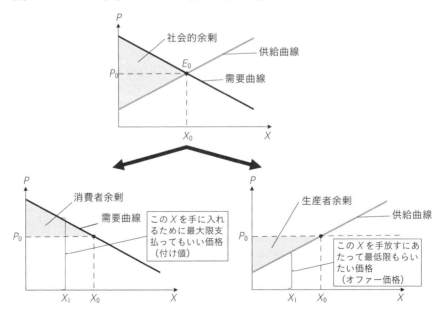

需要曲線の高さ（財 X の消費で得られる限界効用）

－市場均衡価格 P_0（消費者が払わなければならないコスト）

は，消費者が消費を行うことで，消費者の手元に残る効用分と考えることが
できます。これを**消費者余剰**と呼びます。消費者行動に関するこれまでの説
明は，消費者は自らの消費者余剰を最大にするために行動するということを
示しています。価格 P_0 が与えられた場合に，X_0 の財を消費することによっ
てもたらされる消費者余剰が**図表 1 － 1**（左下図）の網掛け部分で示されて
います。この消費者は，X_0 よりも少なく消費しても，多く消費しても網掛
け部分以上の消費者余剰を獲得することはできません。

2.3 生産者余剰

　図表 1 － 1（右下図）の供給曲線の横軸を出発点として縦方向に見た場合，
縦の高さは，横軸に示されている財 X の量から追加的に 1 単位を生産した
場合に，どれだけの費用がかかるかを示したものと解釈できます。

　それはなぜでしょうか。X_1 番目の財 X の供給曲線の高さは，企業がその
財を手放す場合に，最低限もらいたい価格（オファー価格）と考えることが
できます。なぜ企業は，X_1 番目の財 X と引き換えにそれだけの対価が欲し
いと思うのでしょうか。それは，X_1 番目の財 X を作るのに，あるいは手に
入れるのに，それだけの費用がかかっているからです。この費用を**限界費用**
といいます。限界費用よりも低い価格で売ってしまうと，企業は損をしてし
まいますから，それ以下の価格では売ろうとしません。

市場均衡価格 P_0（生産者が得ることのできる収入）

－供給曲線の高さ（財 X 生産にあたって必要な限界費用）

が，企業が生産を行うことで，手元に残る収益分と考えることができます。
これを**生産者余剰**と呼びます。生産者行動に関するこれまでの説明は，企業
は自らの生産者余剰を最大にするために行動するということを示しています。

価格 P_0 が与えられた場合に，X_0 の財を生産することでもたらされる生産者余剰が**図表1-1**（右下図）の網掛け部分で示されています。この企業は，X_0 よりも少なく生産しても，多く生産しても網掛け部分以上の生産者余剰を獲得することはできません。

2.4 社会的余剰

消費者余剰と生産者余剰を合計したものを，**社会的余剰**と呼びます。この社会的余剰は，消費者の手元に残る効用水準，生産者の手元に残る収益の合計を指すため，この水準が高いほど社会にとって好ましい状態であることを意味しています。**図表1-1**の上図では，今まで説明した消費者の需要曲線と企業の供給曲線が重ねて描かれています。この2つの曲線の交点で，均衡価格 P_0，均衡取引量 X_0 が成立しています。前述のとおり，財 X の限界効用曲線と限界費用曲線であるため，均衡では財 X の限界効用と限界費用が一致しています。

この場合の社会的余剰の水準は，網掛け部分で示されていますが，X_0 よりも少ない取引量水準でも，多い取引量水準でも，社会的余剰はこの網掛け部分よりも少なくなります。この市場において均衡点が E_0 となる状態は，社会全体として最も好ましい状態であることになります。つまり，消費者と企業の自由な意思決定と，お互いの自由な取引によって構成される**市場メカニズム**は，「放っておいても」社会で最も好ましい状態を実現してくれるのです。ただし，ここでいう「最も好ましい状態」というのは，消費者の手元に残る効用と企業の手元に残る収益の合計が最大になる，「最も効率的な状態」であるという意味しか持たないことに注意してください。

このような状態を経済学では「**資源配分**」が効率的であるといいます。資源配分とは，「どんな技術を持っている『誰』が，どんな生産要素を用いて，何をどれだけ生産し」，「どんな選好を持っている『誰』が，何をどれだけ消費しているのか」を意味します。

016

2.5 公共政策が求められる場面

そうだとすれば，公共政策はなぜ必要とされるのでしょうか。公共政策を，消費者，企業などの自由な選択，自由な取引に関する，何らかの介入だとしましょう。消費者，企業が自由に振る舞っても，市場が最も好ましい状態を実現してくれるのですから，介入が求められるのは，以下の場合に限定されることとなります。

(1)「どのような財・サービスに関しても，それを取引する市場が存在する」という市場の普遍性に関する仮定，完全競争に関する仮定が成立しない，「市場の失敗」によって資源配分の効率性が阻害されている場合には，何らかの介入が求められます。この市場の失敗と呼ばれるケースには，**外部性**，**公共財**，**情報の非対称性**，**不完全競争**などがあります。

(2)効率性に関する最適性は，**公正性**，**公平性**など何らかの価値観を含んだ最適概念ではないため，国民は市場が実現した結果に対して「公正性や公平性が損なわれている」と感じる場合があります。この場合，例えば所得分配に何らかの介入を行うことで，「ある基準に照らした好ましさを持つ」所得分配を実現する必要があります。

このように考えた場合，公共政策の対象となる問題は自ずと限定されてくることになります。特に(1)の問題への対応は，客観的，技術的に決定することができることになります。その点は次章で解説します。一方，(2)については公正性，公平性などの価値観の選択に関わる問題であるため，**集団的な意思決定**，つまり**政治的過程**を通じて決定せざるを得ないでしょう。

しかしこれまでに述べたように，公共政策の**アジェンダ**は限定された形で，既に定まっているのでしょうか。さらに公共政策の内容も客観的，技術的に定まっているのでしょうか。今まで述べたような公共政策に関する理解は，政策の企画立案，執行を行っている人たちの実感から大きく離れているかもしれません。

3 首長の公共政策のアジェンダ

3.1 首長は何を解決したいと思っているのか

　NIRA 総研（NIRA 総合開発研究機構）は，2020 年 10 月 12 日（月）〜11 月 30 日（月）に，経済学，行政学の研究者と共同で，全国の市町村長，東京 23 区長を対象に，政策意識に関するアンケート調査を実施し，824 の市区町村（回収率 47.3％）から回答を得ました（辻ほか［2022］）。そのアンケート調査結果を用いて，それぞれの地方公共団体の（置かれている状況に関するデータから客観的に想定されそうな）課題が，「公共政策が解決すべ

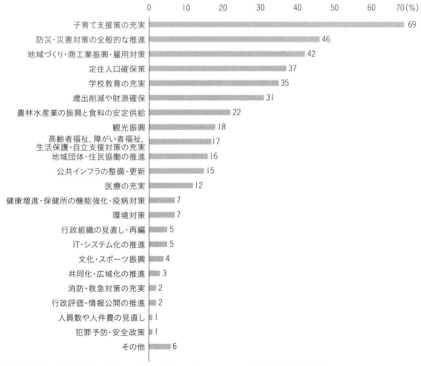

図表 1 − 2 ▶▶▶ 重要視してきた政策（第 1 〜 4 順位の合計）

出所：辻ほか［2022］（https://www.nira.or.jp/paper/research-report/2022/11.html）より。

き課題」として認識されているかをみてみましょう。

このアンケート調査では，市町村長に重要度が高い施策を，上位4つまで選択してもらっています。自治体の行っている施策を，「行財政改革」「まちづくり・地域づくり」「防災・消防・警察関連」「社会保障」「教育」という5つの領域に分け，全部で22の項目に整理しています。すべての施策を紹介することは紙幅の関係上できないのですが，自治体が公共政策として行う，ほぼすべての分野が網羅されているといえます。**図表1－2**は，施策単位でみて，第1順位から第4順位のいずれかにランキングした市町村長の割合（1～4位にランキングした市町村長数／回答した全市町村長数）を，高い方から順番に示したものです。

最も多くの市町村長が重視していた施策は，「子育て支援策の充実」（69%）です。ほぼ7割の市町村長が重要政策に掲げています。日本全体が，超高齢・人口減少社会に突入し，それを解決する公共政策が，地域社会にとって最重要課題であるのはうなずけます。しかし，各地域社会が置かれている高齢化，人口減少の程度などによって，その重視のされ方は当然変わってきてもよいのではないでしょうか。

3.2　首長のアジェンダ設定は合理的か

以下において，市町村長が認識している「子育て支援策の充実」の重要度を，第1順位～第4順位，「重視せず」という5つのランクに分けて，それと各市町村が置かれている，「年少（15歳未満）人口比率」，「人口減少率」との関係をみてみます。

図表1－3，1－4からは「年少人口比率が低かった」り，「人口減少率が高い」など子育て支援に関する公共政策の必要度が高いと考えられる市町村において，実際に当該政策が重点的に位置づけられているわけではないことがわかります。ただし「子育て支援策の充実」に熱心な市町村ほど，アウトカムの数字も改善している可能性について考慮する必要があります。

さらに，「歳出削減や財源確保」という財政再建に関する政策の優先度と，

019

図表1-3 ▶▶▶ 市町村長の「子育て支援策の充実」の優先度ランクごとの年少人口比率

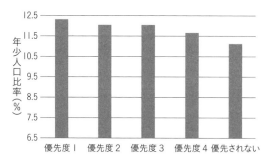

出所：辻ほか［2022］及び国勢調査（総務省統計局［2015］）より筆者作成。

図表1-4 ▶▶▶ 市町村長の「子育て支援策の充実」の優先度ランクごとの人口減少率

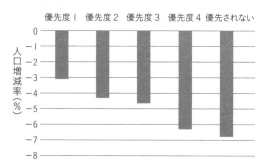

出所：辻ほか［2022］及び国勢調査（総務省統計局［2015］）より筆者作成。

図表1-5 ▶▶▶ 市町村長の「歳出削減や財源確保」の優先度のランクごとの実質収支比率

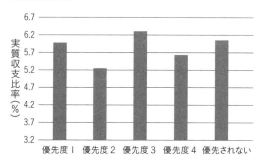

出所：辻ほか［2022］及び地方財政統計年報（総務省［2014］）より筆者作成。

実質収支比率との関係を**図表1−5**で確認してみました。実質収支比率は，個々の地方公共団体の標準的な財政規模に占める財政黒字，赤字の比率で，それが高いほど財政上の余裕があることを示しています。一見して，財政状態が悪いところほど，財政再建に熱心に取り組んでいるわけではないことがわかります。

　アンケート結果からは，社会が置かれている客観的な状況に鑑み，技術的に講じられる公共政策が選択されているとは，必ずしも言えないことが示唆されます。

4　学際的研究による公共政策のとらえ方

4.1　アジェンダ設定の裁量性

　3節のアンケート結果は，市民がアジェンダを設定し，政府がそれを解決する公共政策を編成するというプロセスを重視する，公共政策学などの学際研究のとらえ方と親和性が高いかもしれません。公共政策を「問題解決の手法」として認識した松下［1991］では，

　　「『いかなる社会問題を解決すべきか』という政策の発想は，個人としての〈市民〉の役割だという。そして，これを〈政策・制度〉へと編成していくのが，〈政府〉の役割だという。しかし，そもそもの出発点である〈市民〉の発想は，偏ってしまったり，あるいは間違った選択をおこなってしまったりする。民主社会では〈政府〉による特定の政策選択も市民自身が責任を負うことになるのである。」

とされています。つまり，公共政策の対象となる問題は経済学の設定のようにアプリオリに設定されているものではなく，裁量性をもって，社会が選び取ることができるように考えられているように受け止められます。

021

4.2　政策の窓モデル

　もう少し詳しくみていきましょう。公共政策が形成されるプロセスはまず「アジェンダ設定」という段階から始まるとされています。アジェンダとは「政府の公職者や政府の外側でこれらの公職者と密接に連携する人々が，特定のときに，かなり真剣な注意を払う主題や問題のリスト」(Kingdon [2011]) です。このアジェンダ設定は，利益団体，マスメディア，世論，政党が諸要求を集約することで進められていきます。その過程ではじかれた要求の多くは，政府の政策に反映される機会を失うことになります。

　このような，様々なプレイヤーが自分の戦略に基づいて行動し，お互いに交渉を行い，ランダムな要素も大きな影響を与えながらアジェンダ設定，政策形成が行われていく様子は，ゴミ缶モデル，**政策の窓モデル**などで描写されています。**図表１－６**では稲生[2022]において整理された「政策の窓」モデルが描かれています。

　政策の窓モデルでは，問題の流れ，政策の流れ，政治の流れという３つの流れがあるとされています。問題の流れは，何らかの「社会にとっての問題」がどのような状況にあり，それが世論の耳目を集める事件があったかな

図表１－６ ▶▶▶政策の窓モデルの概念

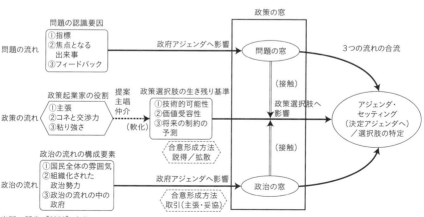

出所：稲生[2022]より。

どによって左右されます。

もう1つの政策の流れは、「**政策起業家（アントレプレナー）**」と呼ばれ、ある政策を企画立案しようとする、市民、政治家、行政官等がそれを担います。政策起業家は特定の政策を自身の主張として合意形成を図りますが、それの成否は、主張される政策の技術的可能性、価値受容性等によります。また政治の流れは、政治家のみならず第Ⅱ部で解説する利益団体等がそれを担いますが、その成否は国民全体の雰囲気や組織化された政治勢力の有無に左右されます。

そしてこの「問題の流れ」、「政策の流れ」、「政治の流れ」が合流して、アジェンダ設定に結び付くことを「政策の窓が開く」と表現しますが、その窓が開くか否かは様々なプレイヤーのゲーム的な交渉や世論の雰囲気のようなランダムな事象にも左右されます。

現実の公共政策の形成プロセスの記述としては、こちらの方が親和性があるように感じる方も多いのではないでしょうか。しかし、このようなとらえ方は、あまりにも融通無碍であり、生み出され、執行される公共政策の是非さえも判断できないように感じます。

本書では「少子高齢化、人口減少が本格化する日本において講じられるべき公共政策」の企画立案、執行に参加し、それを評価する人たちにとっての基礎知識を提供することを目指します。このため、我々に求められるのは、現実の公共政策の形成プロセスをそのまま受け止めることではなく、

(1)原理原則として公共政策の形成はどのような姿であるべきかを踏まえて、

(2)現実の公共政策の形成との間でどのような乖離があるかを把握し、

(3)公共政策の形成プロセスの改善を行いうる政策技術を取り入れる努力をする

ことでしょう。

このため第Ⅰ部では「講じられるべき」（と考えられる）公共政策を、公共経済学の観点から、市場の失敗、公正性・公平性の確保という論点を議論します。第Ⅱ部では公共政策を決定するプロセスである、政治的な決定につ

いて，**公共選択論**，数理政治学など公共経済学以外の観点から，社会にとって好ましい決定を行えるのかという論点を議論します。第Ⅲ部では様々な欠点を抱える政治的な決定を補完するための政策技術を紹介します。

Working 調べてみよう

身近な人，あるいは公共部門で働いている人にインタビューをして，例えば「子育て支援」をねらった公共政策が，どのように企画立案され，決定に至ったかを調べてみよう。

Discussion 議論しよう

Working の作業を受けて，様々な学問領域の整理，記述は何を説明できていて，何が説明できていないかを議論してみよう。

▶▶▶さらに学びたい人のために

● 秋吉貴雄・伊藤修一郎・北山俊哉［2020］『公共政策学の基礎（第3版）』有斐閣。
● 石橋章市朗・佐野亘・土山希美枝・南島和久［2018］『公共政策学』ミネルヴァ書房。
● 小川光・西森晃［2022］『公共経済学（第2版）』中央経済社。
● 寺井公子・肥前洋一［2015］『私たちと公共経済』有斐閣。
● 中川雅之［2008］『公共経済学と都市政策』日本評論社。

参考文献
● 稲生信男［2022］「ジョン・キングダン「政策の窓」モデルについての一考察」『早稲田社会科学総合研究』19⑴，131-151 頁。
● 辻琢也編著，大久保敏弘・中川雅之著［2022］「人口減少社会に挑む市町村長の実像と求められるリーダーシップ」NIRA 研究報告書。
● 松下圭一［1991］『政策型思考と政治』東京大学出版会。
● Kingdon, J. W.［2011］ *"Agendas, Alternatives, and Public Policies*（2nd ed）*,"* Boston, MA: Longman.

第 **I** 部

公共政策の対象

第2章

外部性

第3章

公共財

第4章

情報の非対称性

第5章

不完全競争

第6章

公正性，公平性

第
Ⅰ
部
●公共政策の対象

第 **2** 章 **外部性**

Learning Points

▶外部性とはどのような問題なのか。
▶外部性を当事者同士の交渉で解決できないのか。
▶外部性を解決する公共政策にはどのようなものがあり，それぞれどのような結果をもたらすのか。

Key Words

外部経済　外部不経済　コースの定理　規制　ピグー税

　この章から第6章まで，公共経済学で公共政策の対象と理論的に考えられているものを，1つひとつ解説していきます。前章では，経済学の市場への信頼が示されました。市場とは消費者，企業などの主体が何の制約もなく，自己決定して，自由な活動を繰り広げる場所ですから，それが社会をうまく運営してくれるのであれば，公共政策という市場への介入は最低限に抑えられるべきでしょう。

　公共経済学が考える公共政策が介入すべきケースとは，「市場の失敗」と呼ばれるケース，具体的には，外部性，公共財，情報の非対称性，不完全競争というケースです。さらに，市場がうまく機能するという評価は，**効率性**という基準をもとに与えられたものです。社会は公正なもの，公平なものであってほしいと，みなさんは思われるでしょう。この公正性，公平性の確保についても，公共政策の対象となる分野だと考えられています。

　たくさんの失業や設備の遊休化が発生する不況時の景気安定化も，公共政策の対象と考えられていますが，これはマクロ経済学の分野ですので，本書では取り上げません。

　公共経済学では，それぞれの対象となる問題の原因をひもとき，その解決

026

策として標準的なものを用意しています。第Ⅰ部では，そのような客観的，技術的解決手法とその難しさを合わせて，解説したいと考えています。

1 外部性の理論

外部性とは，市場を通すことなく，ある経済主体から他の経済主体に対して，便益や損失を与えることをいいます。例えば，ある財を生産している企業が，その生産過程で公害を発生させているとします。健康被害を受けた住民に補償を行わない場合，この企業は市場を通さずに周辺住民に損失を与えていることになります。このようなケースを**外部不経済**といいます。一方，非常に美しい庭を備えた住宅を建設し，きれいに維持している家計は，地域全体のイメージを向上させることによって，周辺の不動産価値も上昇させています。しかし，その住宅の所有者は，資産価値を向上させた分を報酬として受け取れるわけではありません。このようなケースを**外部経済**といいます。

このような外部性が存在する場合，市場は望ましい水準の財の供給に失敗します。

1.1 外部性がない場合の市場均衡

まずある財の生産によって，公害などが発生しない場合の状態が，**図表2-1**に描かれています。需要曲線と供給曲線との交点 A で，価格 P_0 と供給量 X_0 が決定されます。この場合の供給曲線は，企業が財 X を生産する際に支払わなければならない，賃金，資本のレンタル料である利子などですから，私的限界費用曲線と記されています。この場合，消費者余剰はドットで網掛けされた△ DAP_0 で表され，生産者余剰は縦線で網掛けされた△ OAP_0 であるため，社会的余剰は△ DAO となり，他のどんな生産量を選択したときよりも大きくなっています。このように，市場は効率性の観点で社会的に最適な水準の財の供給を実現してくれます。

027

図表2-1 ▶▶▶ 公害が発生しない場合の社会的余剰

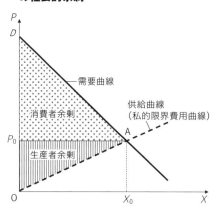

図表2-2 ▶▶▶ 公害が発生し，被害を企業が補償する場合の社会的余剰

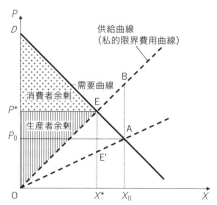

　ここで財 X の生産に伴って公害が発生する場合を考えましょう。まず公害が，「誰にどれだけの健康被害を与えたかを容易に特定することができる」場合を考えます。公害を規制する公共政策による関与がなくても，因果関係がはっきりしていますので，住民は補償を受けることができます。この場合，企業は賃金，利子のみならず，住民に対する補償も支払わなければなりません。このため，**図表2-2**の供給曲線（**私的限界費用曲線**）は図表2-1のそれに比べて上にシフトしています。この場合の均衡価格は P^*，均衡取引量は X^* となります。

　このようなケースを，外部不経済が発生しているケースというのでしょうか。このようなケースを外部不経済とは呼びません。健康被害を受けた住民は補償を受けているので，市場を通じない悪影響を被っているわけではありません。確かに，供給曲線が上にシフトしたため，**図表2-2**の社会的余剰は**図表2-1**のそれよりも減少しています。しかし，これは「公害が発生する」という技術的な環境から生じたものであり，公共政策によって**図表2-2**の社会的余剰△DEO をこれ以上増やすことはできません。

1.2 外部性がある場合の市場均衡

ここで外部不経済が生じているケースを考えます。これは
- 財 X を生産すると技術的に公害が発生してしまって，
- 因果関係に基づいて，健康被害が受けた人と程度を特定することが困難なため，企業がその補償をしない

場合がそれにあたります。

この場合，企業が支払わなければならないのは，賃金や利子のみですから，図表２－３の私的限界費用曲線が供給曲線です。しかし，現に公害によって健康被害が発生していますから，社会に与えているコストは，図表２－２と同様に上にシフトしたものです。これを，**社会的限界費用曲線**と呼びます。この時，２つの限界費用曲線が乖離しており，その縦の距離の差は，住民に対して発生させている健康被害に伴うコストです。しかし企業は，自分の発生させた健康被害に関して補償を行う必要がありませんから，供給曲線に沿って財 X を供給します（図表２－３）。

この場合 A 点で市場は均衡します。つまり，均衡価格は P_0，均衡取引量は X_0 となりますから，図表２－２のケースと比べて，価格は安すぎ，供給量は多すぎることがわかります。この場合の消費者余剰は △DAP_0 で表され，

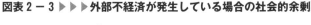

図表２－３ ▶▶▶外部不経済が発生している場合の社会的余剰

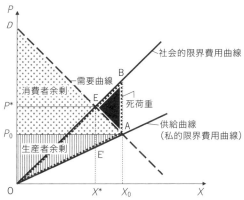

生産者余剰は△OAP_0で表すことができます。しかし，別途△OABという住民の健康被害分のコストが発生しています。この消費者余剰と生産者余剰から健康被害分を引いた社会的余剰は，**図表２−３**の△DAP_0＋△OAP_0－△OAB＝△DEO－△BEAとなります。**図表２−２**の，公害が発生しているという技術的な環境の下で得られた最大の社会的余剰△DEOに比較して，△AEBだけ減少しています。この社会から失われた損失，つまり**図表２−３**の黒い網掛けの部分を**死荷重**と呼びます。

2 どのようにして外部性に対応するのか

外部性が存在する場合には，市場は最適な状態を実現できません。このようなケースにおいて，社会的に望ましい供給水準を確保するためには，どうしたら良いのでしょうか。特に，公共部門には，どのような役割が期待されるのでしょうか。

2.1 コースの定理

最初に外部不経済は，「本当に公共政策によってしか，解決できない問題なのか」を考えてみましょう。公共部門が強制力をもって規制したり，課税する対応をこの後考えますが，そんなことをしなくてもいいなら，それに越したことはないでしょう。

2.1.1 企業に公害を出す権利がある場合

図表２−４の上図には**図表２−３**と同じ状況が描かれています。公害という外部不経済を出してしまう企業は，公共政策による介入がない場合には，X_0という過剰な量の供給を行ってしまいます。その点を出発点として，「企業と住民の間でどんな交渉が起こるか」を考えてみましょう。まず「企業がX_0を生産している点から始める」ということは，企業側に「公害を出す権

図表2－4 ▶▶▶ コースの定理

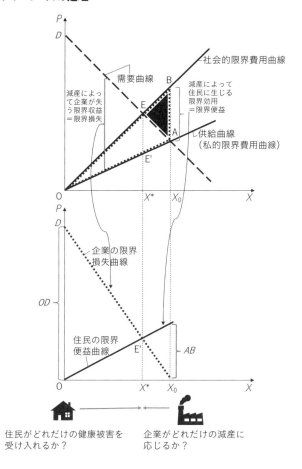

利」があることを意味します。具体的には普通に生産活動を行っていた工場の隣に、後から住宅地が開発されたような状況を想像してみましょう。

この場合 X_0 から1単位財 X を減産してもらうことで、住民は社会的限界費用曲線と私的限界費用曲線の間の距離に相当する、健康被害を回避することができます。これは、X_0 から1単位ずつ財 X を減産した場合の、住民の限界便益と解釈することができるでしょう。一方、企業は消費者が最大限支払ってもいいと考えている需要曲線上の価格と、私的限界費用の差額分の収益機会を失うことになります。これは減産に伴う企業の限界損失と解釈する

ことができます。X_0からの減産に伴う，住民の限界便益曲線と企業の限界損失曲線が**図表２－４**の下図に描かれています。

供給量がX_0から１単位減産する交渉を住民と企業が行います。X_0の近傍では，住民の限界便益が企業の限界費用を明らかに上回っていますね。つまり住民が減産のために支払ってもいい金額（AB）が，企業が減産に応じるために必要と考えている額を上回っています。このため，この交渉が成立することは明らかです。次の１単位はどうでしょうか。このような住民がお金を支払って，企業が生産量の減産に応じる交渉は，住民の限界便益曲線が企業の限界損失曲線を上回っている限り成功しますから，両者の交渉は供給量がX^*に達するまで続きます。

2.1.2　企業に公害を出す権利がない場合

次に，**図表２－４**上図の原点 O を出発点としてみましょう。「企業が全く生産していない点から始める」ということは，企業側に財 X を生産し「公害を出す権利」がないことを意味します。具体的には平穏に暮らしていた住宅地に隣接して，後から工場が立地したような状況です。

この場合生産量 0 の状況から１単位財 X の生産を認めることで，住民は社会的限界費用曲線と私的限界費用曲線の間の距離に相当する，健康被害を被ることになります。このため住民が企業の生産を認めるためには，**2.1.1** では「住民の限界便益」として説明していた額に相当するお金を補償してもらわなければなりません。一方，企業は生産を認めてもらうことで，消費者が最大限支払ってもいいと考えている需要曲線上の価格と，私的限界費用の差額分の収益（OD）を得ることになります。つまり，**2.1.1** では「企業の限界損失」として説明していた額に相当するお金を，住民に補償する用意があります。今回のような，全く生産していなかった場合を出発点とする交渉の便益と損失の関係は，X_0からの減産に伴うものと真逆になっていることに注意してください。

供給量が 0 から１単位増産する交渉を企業と住民が行います。**図表２－４**（下図）の 0 の近傍では企業の限界損失曲線（この場合は，企業が補償する

用意のある金額）が，住民の限界便益曲線（この場合は，住民が補償しても
らわなければならない金額）を明らかに上回っています。このため，この交
渉が成立することは明らかです。このような企業がお金を支払って，住民に
生産量の増産を認めてもらう交渉は，**図表2－4**の企業の限界損失曲線が
住民の限界便益曲線を上回っている限り成功しますから，両者の交渉は供給
量が X^* に達するまで続きます。

2.1.3 コースの定理が意味するもの

つまり，企業側に公害を出す権利がある場合でも，ない場合でも両者の自
由な交渉に委ねれば，社会的に最適な水準の生産量 X^* を実現することに成
功します。このように，当事者同士の交渉に委ねても，外部性の問題が解決
できることを「**コースの定理**」と言います。

しかしコースの定理が成立するためには，

(1)**初期の権利配分**，つまり「企業側に公害を出す権利があるのか，ないの
か」が明確であること

(2)住民と企業の間の**交渉費用**が0か極めて低いこと

という2つの条件が満たされることが必要だとされています。

現実に起きている公害問題では，外部不経済を受けている住民は非常に多
数に上り，誰が健康被害を受けているのかも不明確な場合があります。ま
た， 2.1.1 で扱った「公害を出す権利がある場合」に相当するの
か， 2.1.2 で扱った「公害を出す権利がない場合」に相当するのかは，歴
史的経緯などによるため，初期の権利配分がどちらにあるかという判断は，
思ったよりも難しいものです。このような観点から，外部性の問題を当事者
同士の交渉に委ねるという解決策は，現実的なものとは考えられません。

2.2 規　制

それでは強制力をもつ公共部門が生産量を**規制**する場合について考えてみ
ましょう。政府が最適な財 X の供給水準を把握しているならば，供給水準

図表2−5 ▶▶▶公共政策（規制）を講じた場合の社会的余剰

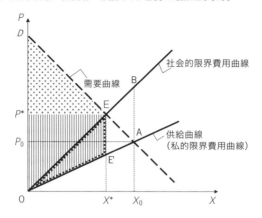

を X^* に制限するという手法により，社会的に望ましい状態を実現することができます。

　図表2−5のとおり，この場合，企業が生産するのは X^* ですから，価格は P^* となります。消費者余剰は $\triangle DEP^*$，生産者余剰は $\square OE'EP^*$，健康被害による損失は $\triangle OE'E$ です。このため社会的余剰は，$\triangle DEP^* + \square OE'EP^* - \triangle OE'E = \triangle DEO$ となり，**図表2−2**の社会的に最適な水準が実現した場合の社会的余剰と一致しています。

　しかし，この規制によって X^* に供給水準が制限された場合，企業は限界費用以上の価格 P^* を受け取っています。さらに，健康被害は補償されずに放っておかれています。このため，**図表2−2**で企業が外部不経済分を補償しているケースに比べて，生産者余剰が $\triangle OE'E$ だけ増加しています。規制によって外部性をコントロールする公共政策は，社会的余剰を最大にするという意味において効率的かもしれませんが，公正性，公平性という観点からは多くの人が認めがたい結果をもたらすかもしれません。

　またここでは，規制を行うに際して政府が最適な供給水準 X^* を知っていることを前提としました。政府が過大な規制水準を設定しても，過小な規制水準を設定しても死荷重が発生することになります。

2.3 ピグー税

同様に、政府が企業の私的限界費用曲線及び社会的限界費用曲線の形状を把握している場合には、その差を企業に対して課税することで、社会的に最適な供給水準 X^* を実現することができます。このような課税を**ピグー税**と呼びます。

X の生産量に応じた健康被害分（例えば X^* のレベルでは EE' 相当額）を、企業に対して課税することにより、企業の供給曲線を私的限界費用曲線から社会的限界費用曲線に変更することができます（**図表2−6**）。これによって企業は、公害がもたらしている社会的なコストも含めて、自らのコストとして認識するようになるため、最適な状態 E 点での均衡を達成することができます。

この場合、消費者余剰は△DEP^* となります。企業はピグー税を支払う必要があるため、P^* からピグー税を引いた C が、企業が受け取ることのできる価格です。このため、生産者余剰は△$OE'C$ となります。このほか、社会のためになる何かに使われると考えられる税収が□$CE'EP^*$ です。一方、社会の余剰を減らす健康被害相当分が△$OE'E$ となるため、社会的余剰は△DEP^* ＋△$OE'C$ ＋□$CE'EP^*$ −△$OE'E$ ＝△DEO となり、社会的に

図表2−6 ▶▶▶**公共政策（ピグー税）を講じた場合の社会的余剰**

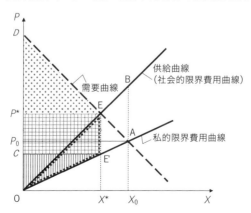

最大の余剰が得られています。

　前述のとおり，規制のケースにおいては，健康被害が放っておかれる一方で，生産者余剰が大きなものとなっていましたが，ピグー税のケースでは，□$CE'EP^*$が税として政府に徴収されているため，生産者余剰が減少しています。政府はこのピグー税収入を，住民の健康被害の補償などにあてることができます。つまり，このような方策を採用することで，規制のときに生じた公正性，公平性に関する問題の深刻化を回避することが可能です。

　同じ状態が，X_0から1単位供給量を減らすたび健康被害分の補助金が交付される公共政策によっても実現することができます。これを，**ピグー補助金**と呼びます。しかし，ピグー税とピグー補助金では，汚染者（企業）と被汚染者（住民）の間の所得分配への影響が異なります。ピグー補助金は，規制の場合と同様に，汚染者である企業の生産者余剰を大きくします。汚染者負担の原則（PPP）に照らせば，ピグー税が望ましいと考えられています。

3 外部性対策の難しさ（カーボンニュートラル）

　2020年10月，政府は2050年までに温室効果ガスの排出を全体としてゼロにする，**カーボンニュートラル**を目指すことを宣言しました。「排出を全体としてゼロ」というのは，二酸化炭素をはじめとする温室効果ガスの「排出量」から，植林，森林管理などによる「吸収量」を差し引いて，合計を実質的にゼロにすることを意味しています。

　地球規模の課題である気候変動問題の解決に向けて，2015年にパリ協定が採択され，世界共通の長期目標として，

⑴　世界的な平均気温上昇を工業化以前に比べて2℃より十分低く保つとともに（2℃目標），1.5℃に抑える努力を追求すること（1.5℃目標）

⑵　今世紀後半に温室効果ガスの人為的な発生源による排出量と吸収源による除去量との間の均衡を達成すること

等に合意しました。この実現に向けて，世界が取り組みを進めており，120

以上の国と地域が「2050年カーボンニュートラル」という目標を掲げています。

世界の平均気温は2020年時点で，工業化以前（1850〜1900年）と比べて，既に1.1度上昇したとされています。日本でも平均気温は，様々な変動を繰り返しながら上昇しており，長期的には100年間に1.3度程度の上昇が観察されています。特に1990年代以降，高温となる年が頻出しています（**図表2-7**）。

このような気候変動が続く場合，災害の激甚化，海面の上昇，自然環境の変化に伴う第1次産業に対する大きな影響が予想されています。これまでに解説してきた外部性に伴う問題そのものと言ってもいいでしょう。そうだとすれば，規制的な手段，ピグー税のような課税を行うなど，やることは決まっているのではないでしょうか。

例えば，**炭素税**という税が様々な国で採用されています。これは化石燃料に対して，含まれる炭素の量に応じて税を課す仕組みを指します。本章の文

図表2-7 ▶▶▶日本の平均気温偏差

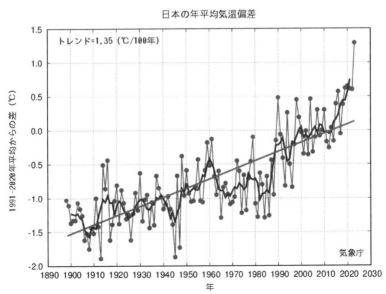

出所：環境省HP（https://ondankataisaku.env.go.jp/carbon_neutral/about/）より。

脈では，炭素の排出にかけるピグー税だと解釈することができるでしょう。炭素税の課税により，環境負荷の高い経済活動のコストを，その活動を行う主体に負担させ，そこで得られた財源を環境負荷の低い経済活動の減税にあてることができるようになります。この炭素税は国外ではEU，カナダを中心に普及しています。しかし，日本ではいまだ検討段階です。炭素税の導入は，火力発電が主たる電源となっている日本では産業部門に大きな負担を課すると考えられているためです。なお，地球温暖化対策税という，類似の仕組みを持つ税があります。しかし，CO_2排出1トン当たり289円の課税と，十分な効果を上げるためには，課税額が低すぎる状況にあります。

　それでは外部性に対するもう1つの政策である規制的な手段はどうなのでしょうか。**排出枠取引制度**という制度がEUを中心に普及しつつあります。これは，政府が排出枠（温室効果ガスの排出上限）を設定するところから始まります。このため，企業はこの排出枠を超えない範囲で事業活動を行う必要があります。さらに，本章では解説をしなかったのですが，この排出枠を企業間で売買することができるという工夫が加えられています。この売買を認めることによって，温室効果ガス削減が効率的にできます。つまり，排出枠を余らせた企業から，温室効果ガスの削減が不得意な，排出枠が足りない企業への移転が行われることによって，社会全体として効率的な温室効果ガスの削減を行うことができるようになります。

　しかし，日本では必ずしも十分な取り組みが行われているわけではありません。世界全体でも多国間の取り組みを遵守するような形で，温室効果ガスの取り組みが順調に進んでいるわけではありません。**図表2-8**にはこの温室効果ガスの排出に関わっている人たちの多様さが示されています。日本の中でもこれだけ多様な主体がかかわっています。さらにこの問題は世界全体の問題ですので，国家間の利害調整が必要です。これだけの温室効果ガスの排出が行われたのは主に先進国の責任であり，途上国は大きな負担を負うことには反対の立場にあります。

　本章では外部性への対応について，客観的，技術的な対策があるように解説をしました。確かに，規制的な手段もピグー税も同じ社会的余剰を最大に

図表2-8 ▶▶▶ 日本のCO₂部門別排出量（2021年）

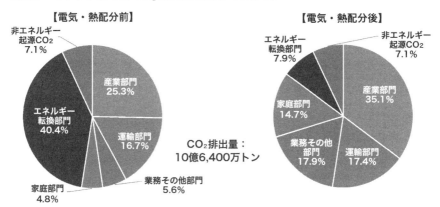

注：電気・熱配分前は，発電や熱の生産に伴う排出量を，その電力や熱の生産者からの排出として計算したもの。
　　電気・熱配分後は，発電や熱の生産に伴う排出量を，その電力や熱の消費者からの排出として計算したもの。
出所：環境省HP（https://ondankataisaku.env.go.jp/carbon_neutral/about/）より。

する効率的な結果をもたらしました。しかし，その所得分配の効果は全く異なるものでした。外部性を解決するために様々な対策があります。しかし，その対策は「誰が」，「どの程度」，外部性対策のコストを負担するのかという点と必然的に結び付いています。さらに，コースの定理の際に説明したように，この対策のコストの負担を誰がするかという問題は，初期の権利配分，ここでは誰に温室効果ガスを排出する権利があるのか，誰にないのかということの認識とかかわってきます。これは客観的，技術的なエビデンスを示すことで，交渉を容易にすることができますが，基本的には集団的意思決定に委ねなければならない問題だと言えます。

Working　　　　　　　　　　　　　　　　　　　　　調べてみよう

外部性に対応していると考えられる公共政策をみつけてみよう。その上で，図を用いてその問題とその解決手法としての公共政策を解説してみよう。

| Discussion | 議論しよう |

Working の作業を受けて，取り上げた公共政策が，外部性問題の当事者の誰にどのような所得分配上の帰結をもたらしているのかを明らかにしよう。その上で，その所得分配上の帰結が公正性，公平性の観点からどのように評価できるかを議論しよう。

| Training | 解いてみよう |

1．以下の政策のうち，外部性を介入の根拠としているものはどれか，根拠とともに説明しなさい。
 (1) 住宅の耐震改修に対する補助
 (2) 低所得者に対する低廉な家賃の住宅の供給（公営住宅）
 (3) 建築物を設計することのできる国家資格制度（建築士の免許制度）
 (4) 高齢者向けの設備を備えた住宅の供給に関する補助
2．図表2－5を用いて，政府が過大な量の X の規制を行った場合に消費者余剰，生産者余剰，健康被害がどのように変化して，死荷重が発生するのか否かについて明らかにしなさい。政府が過小な量の X の規制を行った場合についても明らかにしなさい。

▶▶▶さらに学びたい人のために
●有村俊秀・岩田和之［2011］『環境規制の政策評価：環境経済学の定量的アプローチ』上智大学出版。
●有村俊秀・日引聡［2023］『入門環境経済学　新版』中公新書。
●小川光・西森晃［2022］『公共経済学（第2版）』中央経済社。
●寺井公子・肥前洋一［2015］『私たちと公共経済』有斐閣。
●中川雅之［2008］『公共経済学と都市政策』日本評論社。

第 **3** 章 **公共財**

Learning Points

▶公共財とはどんな点において私的財と区別されるのか。

▶公共財は市場ではなぜ適切に供給されないのか。

▶公共財を供給するリンダールメカニズムとはどのようなもので，どのような課題を抱えているのか。

Key Words

非競合性　非排除性　フリーライド　サミュエルソン条件
リンダールメカニズム

1 公共財の理論

　公共政策の大きな役割として公共財を供給するというものがあります。この章では，市場の失敗の最も典型的なケース，「**公共財**」のケースを取り上げて，

- なぜ，消費者と企業の自由な意思に基づいた取引（市場）では，その供給と消費が行われないのか
- なぜ，政府が強制力をもって徴税を行い，国民に一律の「公共財」の消費を行わせるのか

について説明することとします。

1.1 公共財とは

1.1.1 公共財の性質

「公共財」とは何でしょうか。「みんなのためになるもの」が公共財だと答える方も多いかもしれません。しかし、「みんなのためになる」とは何でしょうか。何が「みんなのためになる」のかは、異なる価値観を持つ人によって、まちまちかもしれません。公共財であるか否かは、何らかの価値観を前提に判断されるのではなく、その財・サービスの「客観的な性質」によって定義されます。この客観的性質とは、**非競合性**、**非排除性**です。

▶非競合性

非競合性とは、「ある1人の消費者の消費が、その財・サービスに関する他の消費者の消費を妨げない」という性質です。僕がバナナを食べたら、あなたはそのバナナを食べることはできません。当たり前だと思うかもしれませんが、誰かが消費したら、他の人がそれを消費できなくなる、または消費量が減ってしまう場合、その財の消費は「競合性」があるといいます。

しかし僕が、政府によって提供される「他国の脅威から国民を守る」という国防サービスを消費したとしても、あなたの国防サービス消費が妨げられたり、消費量が減ったりすることはありません。このような場合、国防サービスという財は「非競合性」を備えているといいます。

▶非排除性

非排除性とは、「対価を支払わない消費者を、財・サービスの消費から排除できない」という性質です。「バナナの代金を支払ってください」という売り手の要求に、僕がそれに応じるが、あなたは応じない場合を考えてみましょう。当たり前ですがバナナの売り手は、僕にだけバナナを渡して、料金を支払わないあなたにバナナを渡しません。このように、代金を支払わない人の消費を不可能にできる場合、その財の消費は「排除性」があるといいます。

しかし、国防サービスについては、政府は対価の支払いに応じる僕だけを

他国の脅威から守り，対価を支払わないあなたを守らないことができるでしょうか。できませんよね。これを「非排除性」と呼びます。

1.1.2 純粋公共財・準公共財

この2つの性質を備えているということは，対価を支払わなくとも財・サービスの消費ができるということですから，進んで料金を支払おうとする者はいないでしょう。このような，対価を支払わずに財・サービスの消費を行うことを**フリーライド**と呼びます。非競合性，非排除性を備えた「公共財」の消費は，フリーライドが広範に生じるため，市場では供給されないと考えられています。

今説明したような，非競合性と非排除性をきれいに備えた財（純粋公共財）の典型例としては，外交サービスや国防サービスが挙げられます。ただ，そのような財・サービスはむしろ稀です。**図表3－1**の「料金所により排除性を備えた高速道路」や，「（利用者間の競合性が生じる）混雑した一般道路」のように，どちらか一方しか備えていなかったり，不完全にしか備えていない場合がほとんどです。

少し回り道になりますが，この2つの例がなぜ，不完全な形で公共財の性質を備えているのかを考えてみましょう。まず混雑していない高速道路は，私が高速道路サービスを利用しても，他の高速道路を使っている人に（速度を落とさせるなどの）影響を与えないため，競合性がありません。しかし，料金所で料金を支払わない人を排除できます。

一方，一般道路は，料金所を様々なポイントに設置できないため，料金を支払わない人を排除できません。また，混雑しているときに，私がその道路を利用することで，他の人の走行速度を遅くしてしまいます。つまり道路サービスの消費量が減少するため，競合性があります。

このような財・サービスを**準公共財**と呼びます。しかし，多少なりとも，非競合性や非排除性を備えた財については，政府が直接供給しなくとも，何らかの介入を行っているのが普通です。一方で，そのどちらも備えていないものを**私的財**といいます。住宅などがその例として挙げられます。地方公共

図表3−1 ▶▶▶公共財のスペクトラム

		競合性	
		低い	高い
排除性	低い	純粋公共財（防衛サービスなど）	準公共財（混雑している一般道路など）
	高い	準公共財（混雑していない高速道路など）	私的財（住宅など）

団体が公営住宅を供給していますが，公共財として供給しているのではなく，第6章で解説する所得再分配のために供給しているのです。

1.2 公共財の最適供給条件

このような特徴を持つ公共財の供給について，なぜ政府の介入が必要なのでしょうか。ここでは，社会的に望ましいと考えられる公共財の供給が，自然に実現するのかという観点から考えていきます。

まず，市場で取引されるバナナのような私的財のケースを考えます。私的財の場合，自由な意思決定と取引に基づいた市場が，社会にとって望ましい状態をもたらしてくれることを，第1章で説明しました。その時の「**私的財の最適供給条件**」をまず説明します。

次に，公共財については，フリーライドと呼ばれる現象が起こることを説明しましたが，それが公共財の供給にどのような影響をもたらすのか説明します。最後に，社会にとって望ましい公共財の供給は，どんな条件の時にもたらされるのかについて解説し，フリーライドが起こった状態と比較します。

1.2.1 私的財の最適供給条件

僕とあなただけで構成されている社会（二人社会という）を考えましょう。ある私的財 X に対する僕の**個別需要曲線**を，図表3−2の左上図に描いています。個別需要曲線とは，「僕が」ある価格のときその財をどれだけ欲するかを表したものです。第1章でも説明しましたが，需要曲線の高さは，そ

図表3−2 ▶▶▶私的財の最適供給条件

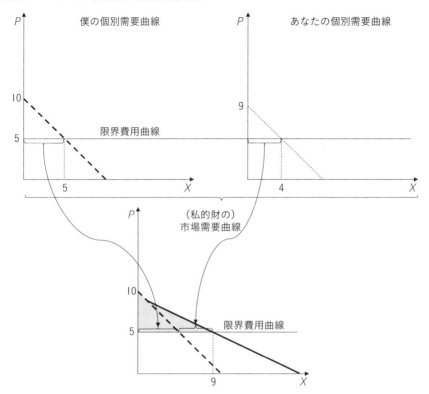

の財に対する限界効用を表していますから，僕は5つ目の財に対して5の限界効用を感じているということです。それに対して，右上図にはあなたの個別需要曲線が描かれています。あなたは，4つ目の財に対して5の限界効用を感じています。

さて市場で取引するためには，社会全体で価格を決めて，それで取引を行う必要があります。市場でどうやって価格や，取引量が決まるのでしょうか。

図表3−2の下図の限界費用曲線は5のレベルで一定です。この価格であれば，企業は無限にこの財を供給してくれます。これが供給曲線です。「社会全体」の需要曲線はどうなっているのでしょうか。僕とあなたの個別需要曲線が**図表3−2**の上図で説明されていますから，この個別需要曲線の「合計の仕方」がわかればいいですね。私的財は，「競合性」があります

から，僕とあなたは「同じもの」を消費することができません。5の価格で僕が5の量を，あなたが4の量を欲しいのであれば，社会全体としては9の需要量があると考えることができます。私的財に関して，個別需要曲線から社会全体の需要曲線を導くためには，個別需要曲線を「横に足して」あげればいいのです。これを「**市場需要曲線**」と呼び，**図表3－2**の下図で示されています。

この市場需要曲線と限界費用曲線である供給曲線が交わるところで，市場均衡が得られます。**図表3－2**の下図の，均衡価格5，均衡取引量9の状態です。この状態は，第1章で述べた消費者余剰（灰色で網掛けされた部分）が最大になっているので，「最適」であると評価することができるでしょう。このケースでは限界費用曲線が水平であるため，生産者余剰は0です。つまり消費者余剰だけを考えれば，社会的余剰を評価できます。

では，このときの僕の限界効用，あなたの限界効用，限界費用の関係を整理してみましょう。市場全体で決められた均衡価格を僕もあなたも，「決められた価格」として受け止めて，消費量を決めます。それを上図の個別需要曲線でみてみましょう。市場で決められた均衡価格5で僕が5，あなたが4消費しています。この消費量の時の僕とあなたの限界効用はどうなっていますか。需要曲線の高さは限界効用を示すのですから均衡状態では，

$$僕の限界効用＝あなたの限界効用＝限界費用 \qquad (1)$$

が成立しています。これが私的財について最適な供給をもたらす条件です。一般化すれば，社会の構成員のそれぞれの限界効用が，私的財の限界費用に等しくなっていることが必要です。そして，市場は「放っておいても」この状態を実現してくれます。

1.2.2 公共財供給の難しさ（フリーライダー）

前述のとおり公共財では，フリーライドという現象が起きます。これはどんな現象なのでしょうか。

図表3－3の上図には，さきほどと同じ僕とあなたの公共財 G に対する

図表3-3 ▶▶▶ フリーライドできる場合

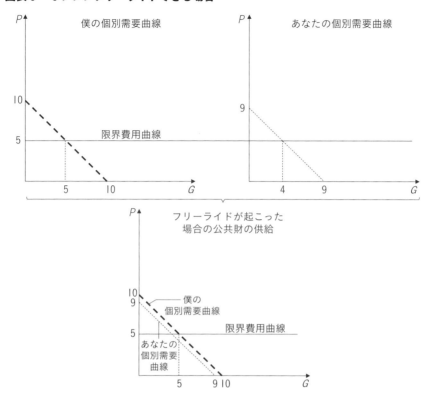

個別需要曲線が描かれています。公共財は，対価を支払わない人を排除できないのですから，誰がそのコストを負担するのかは，消費をする2人の交渉で決まると考えましょう。まず個別需要曲線を，下図のように重ねてみましょう。明らかにすべての公共財の量に対して，僕の限界効用があなたの限界効用よりも大きいことがわかります。僕がより大きな限界効用を持つということは，供給されなければその限界効用を失うことになりますから，僕は「より困る」ことになります。

いろんな交渉の過程を考えることができますが，あなたは，僕がより切実に公共財を欲していることを知っているとしましょう。その場合，あなたは一切の譲歩なく，すべての負担を僕に押し付けようとするかもしれません。あなたが「別に公共財を欲しいとは思っていません」という態度をとり続け

れば，「より困る」僕は，公共財の一切の負担を引き受けて公共財を消費しようとするかもしれません。つまりあなたは，僕の負担による公共財の供給にフリーライドすることができます。

この場合の社会全体の需要曲線は，**図表３－３**下図の僕の個別需要曲線になりますから，価格５で５の公共財が供給されることになります。何の負担もしないあなたも，公共財を消費できます。この時，消費者余剰はどれだけになるでしょうか。次の小節で解説します。

1.2.3 公共財の最適供給条件

この状態でも一応公共財が供給されているので，構わないのでしょうか。僕ばかりが負担をしていて，あなたが全く負担をしないのは「ずるい」のですが，ここでは社会的余剰が失われていないかをチェックしましょう。

まず，「社会にとっての公共財の価値」とは何かから考えていきましょう。**図表３－４**の上の部分には，僕とあなたの個別需要曲線が描かれています。需要曲線の高さは限界効用の大きさです。上図は，僕が５単位目の公共財に対して５の限界効用を感じており，あなたが４の限界効用を感じていることを示しています。公共財は非競合性をもつ財ですから，僕とあなたが同時に５単位目の公共財を消費することが可能です。ということは，社会にとって，５単位目の公共財は，僕の限界効用＋あなたの限界効用＝９の価値があると考えることができます。つまり，社会にとっての公共財の価値は，個別需要曲線を「縦に加える」ことで得られます。

これを「**集計需要曲線**」と呼び，**図表３－４**下図の太い実線で示されています。この集計需要曲線と限界費用曲線である供給曲線は，価格５，取引量７の点で交わっています。この状態は，社会全体にとっての消費者余剰（灰色の網掛けの部分）が最大になっているので，「最適」であると評価することができるでしょう。

この場合，**図表３－３**で得られたフリーライドが生じている状態よりも，より多くの公共財が供給されなくてはなりません。フリーライドが生じている場合，最適な供給量（７）より過小な供給（５）になってしまうため，社会

048

図表3-4 ▶▶▶ 公共財の最適供給条件

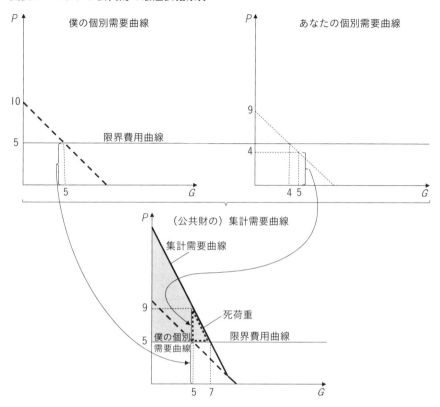

的余剰の損失(死荷重:細かい点線で囲まれた三角形部分)が発生していることになります(**図表3-4**)。

では、この最適な状態は、どのような条件の時もたらされているのでしょうか。集計需要曲線と限界費用曲線が交わっているということは、2つの曲線の高さが一致しているということです。集計需要曲線とは、個別需要曲線を縦に足したものですから、

$$僕の限界効用 + あなたの限界効用 = 限界費用 \quad (2)$$

が成立していることになりますね。これが公共財について最適な供給をもたらす条件です。一般化すれば、社会の構成員の限界効用の和が、公共財の限

界費用に等しくなっている必要があります。これを**サミュエルソン条件**と呼びます。市場が自然に実現してくれる条件（前記(1)式）とは異なっています。

ここまで説明してきたように，公共財の供給については，放っておくとフリーライドにより過小な供給しか行われないかもしれません。このため，次の節ではどのようにして公共財を供給するのかについて説明します。

2 どのようにして公共財を供給するのか

2.1 公共財供給の実態

公共財の供給を市場に任せた場合，図表３－３のようなフリーライドが起こって，過小な供給が行われてしまいます。このため，公共財の供給は公共部門が直接供給しています。

つまり，公共部門が社会的余剰を最大化する公共財の量（図表３－４では $G=7$）を決定して，それを課税によって財源を徴収するという方法で行われています。ここで問題になるのは，公共部門が最適な公共財供給量をどうやって把握し，決定するのかということです。

政府に代表される公共部門が，①**利他性**，②**情報優位性**，を備えているという**ハーベイロードの前提**と呼ばれるものが成立する場合には，安心してお任せできるかもしれません。しかし，そんなに政府は信頼できるものでしょうか。現実には選挙により選ばれた議会が政府を統制して，公共財供給の適切性を確保しようとしています。このような政治的な過程が，どのような公共財の供給をもたらすかについては第Ⅱ部で，社会的余剰を増やす公共財を，見極める政策技術については第Ⅲ部で，詳しく解説します。ここでは，現実に用いられている公共財の供給方法とは別の手法を紹介します。

2.2 リンダールメカニズム

第Ⅱ部で解説するように，政治的過程による公共部門の統制もゆがみを持つことが知られています。経済学では，消費者のニーズを的確にとらえ，最適な公共財供給に結び付けるための（「政治的過程」以外の）仕組みを，長い期間模索してきました。そして，以下に紹介する**リンダールメカニズム**などの提案を行ってきました。

2.2.1 道路特定財源制度

リンダールメカニズムは，公共財がもたらした受益に注目した課税を行い，それを公共財の供給財源とする，擬似市場的な仕組みを導入するものです。このため，ここで登場する税（**リンダール税**）は，公共サービスの対価としての性格を強くもっており，所得や資産など税の負担能力に応じて支払っている実際の税とは，やや性格が異なっています。しかし，受益者負担金としての性格を有し，特定の公共財への支出とリンクした特別な税が，現実にも存在しました。その代表例が道路特定財源制度です。

道路特定財源とは，揮発油税（ガソリン税），軽油引取税，石油ガス税，自動車重量税など，道路整備に用いられることが制度的に定まっている税制を指します。この税収は年間5〜6兆円に上っていました。ただし，道路特定財源制度は，これから述べる，「最適な公共財の量を探索する仕組み」を備えたものではなかったため，逆に過大な供給量を固定化するのではないかという批判が行われ，2009年度には廃止されています。

2.2.2 リンダールメカニズムの仕組み

以下では僕とあなたで構成されている社会（二人社会）でどのようにして，最適な公共財の供給量をみつけて，その財源を調達するかを説明します。

リンダールメカニズムでは，特定の公共財にしか使用できない使途の決まっているリンダール税を，社会の構成員に課税します。**図表3−5**の二人社会では僕とあなたしかいませんので，僕には公共財1単位当たり $t_僕$，

あなたには $t_{あなた}$ のリンダール税が課税されます。しかし，このリンダール税で公共財供給のすべての財源を賄う必要がありますので，

$$t_僕 + t_{あなた} = 5 \text{（公共財の限界費用）}$$

が成立している必要があります。この仕組みは，以下のような一連の手続きを経ることで，最適な公共財供給を実現します。

(1)社会の構成員 i に t_i のリンダール税を提示して，その際の公共財需要の報告を求める

(2)公共財需要を比較して，大きな公共財需要量を報告した者のリンダール税は引き上げて，小さな公共財需要量を報告した者のリンダール税を引き下げて再提示し，改めて公共財需要量の報告を求める

(3)上記のプロセスをすべての社会の構成員の公共財需要量が同一になるまで繰り返す

図表3－5を使って解説します。ひとまず公共財の限界費用を折半した 2.5 のリンダール税を政府は提示して，公共財の需要量の報告を求めます (1)。

僕とあなたの公共財の需要曲線が異なっているので，僕は 7.5，あなたは 6.5 の需要量を報告します (1)。僕の需要量＞あなたの需要量，ですから，政府は僕のリンダール税率を 3 に引き上げ，あなたのリンダール税を 2 に引き下げて，改めて公共財需要量の報告を求めます (2)。その場合，僕もあなたも，$G = 7$ を報告します (2)。政府は公共財の供給量を 7 に決定し，その財源を公共財 1 単位当たり僕は 3，あなたは 2 の負担によって賄います (3)。

その結果は**図表3－5**の一番下の図に描かれているように，社会的余剰を最大にする最適な公共財の供給量になっています。またその供給に必要な財源もリンダール税によってすべて調達できています。

もし，政府が最初の公共財需要量の報告を求めた際に，僕の需要量が多かったので，(2)の段階で僕の税を上げるときに，僕のリンダール税を $t_僕 = 4$，あなたのリンダール税 $t_{あなた} = 1$ というように，調整しすぎた場合にはどうなるでしょうか。その場合は，僕の需要量＜あなたの需要量，という報告が行われますので，$t_僕$ は引き下げられ，$t_{あなた}$ は引き上げられ，行きすぎた調

図表3-5 ▶▶▶ リンダールメカニズムの仕組み

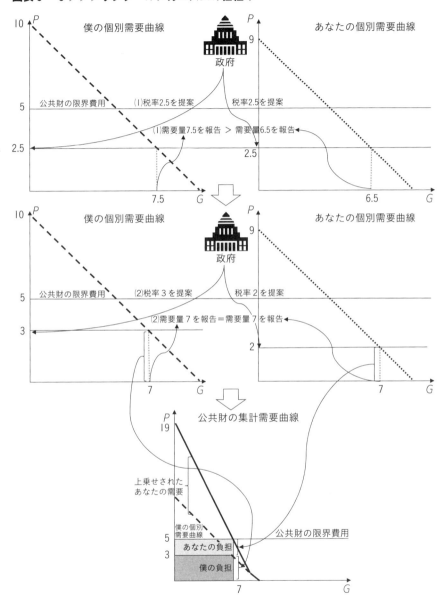

整は是正されます。リンダールメカニズムのプロセスを丁寧にたどっていく限り，必ず最適な公共財供給量にたどりつくようになっています。

先に述べた道路特定財源制度は，このような最適な公共財供給量を探し当てる仕組みを備えていなかったため，経済学的にも支持することができなかったのです。

2.2.3 リンダールメカニズムの欠点

しかしリンダールメカニズムを実際に用いている国は，どこにも存在しません。こんなに面倒な手法は，現実的ではないというの大きな理由です。

しかし，リンダールメカニズムの最も大きな欠点は，別の点にあります。リンダールメカニズムにおいては，大きな需要量を報告した場合に，自分に課される負担割合が高くなることが明らかです（2）。このため，国民は実際の需要量よりも低い需要量を報告する，というインセンティブを持ちます。うそをつくインセンティブがある場合，前述の手法は成り立たなくなります。うそをつくインセンティブを持たない，つまり正直に報告する仕組みを備えていることを，**誘因適合性**といいます。望ましい公共財供給の仕組みは，①サミュエルソン条件，②収支均衡，③誘因適合性を満たすことが必要とされていますが，リンダールメカニズムは①と②は満たしますが，③は満たさないのです。

これまでに，クラーク・グローブスメカニズムなど新しいメカニズムの提案も行われていますが，必要な3つの条件をすべて満たす新しい公共財供給の仕組みは，まだ見つかっていません。第Ⅱ部で詳述する政治的な過程や，第Ⅲ部で詳述する政策技術を改善していくことが現実的な解決かもしれません。

3 適切な公共財供給の難しさ（子ども・子育て支援）

これまでに述べたように，望ましい性質をすべて有する公共財供給の仕組

みを我々はもっていません。現実には，公共財は公共部門が直接供給して，その財源は税という強制徴収が可能なものに求める方法が一般的です。その決定は，第Ⅲ部で解説する客観的，技術的な検討を経て，第Ⅱ部で解説する政治的な決定に委ねられます。第Ⅱ部と第Ⅲ部では，それぞれの過程における課題が詳しく検討されます。

しかし，ここでは公共財の供給が社会の価値観の選択と密接に結び付くという，別の側面での難しさを解説します。政府は，「子ども・子育て支援」政策を最重要課題と位置づけて，それに取り組んでいます。

- 児童手当の拡充として，所得制限の撤廃，高校生年代までの延長，第3子以降の手当て引き上げ
- 妊娠・出産時からの支援強化として，出産・子育て応援交付金として10万円相当の給付
- 出産費用の軽減として，出産育児一時金の50万円への引き上げ
- 多子世帯を中心とした高等教育の負担軽減の拡大
- 「こども誰でも通園制度」の創設
- 保育所の質改善のための保育士配置，処遇の改善
- 育児休業取得率の開示制度の拡充，中小企業に対する助成措置の強化

などをこども未来戦略として，3.6兆円をかけて実施しようとしています。

また，第1章で説明したように非常に多くの市区町村の首長が重点政策として，「子育て支援」を挙げています。これは，どういう市場の失敗に対応しようとする公共政策としてとらえればいいのでしょうか。

子どもを財やサービスとしてとらえることには，抵抗を覚える読者もたくさんいると思いますが，それによって見えてくるものもあります。なぜ親は子どもをもうけ，育児を行うのでしょうか。1つの解釈は，子ども自体，あるいは子育てが親にとっての「喜び」であるため，親はその「喜び」を消費するという考え方です。もう1つは，家計は自身が得た所得を何らかの資産に投資して，それを老後の生活にあてますが，子どもをもうけて育てるというのは，自身の老後の扶養のための，あるいは子どもを含む家族全体の資産を増やすための投資だという考え方があります。

図表3−6 ▶▶▶公共財としての子ども

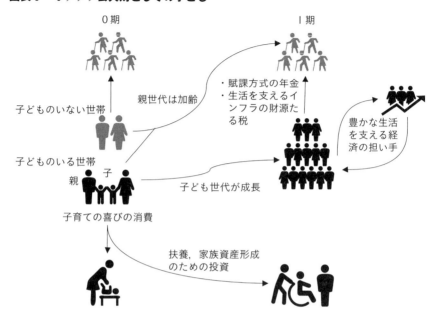

　図表3−6の0期の親のアイコンは，子どもをもうけて，育てることで，「喜び」と「老後の安心」を手に入れています。この場合，出産，育児にはもちろんコストがかかります。これには金銭的なものだけではなく，肉体的な疲労や時間的なコストも含みます。コストを負担しない人は，「喜び」も「老後の安心」も手に入りませんから排除可能です。また，「喜び」も「老後の安心」も，子どもをもうけて育てた親のみが享受できますから，競合性があります。したがって，子どもは私的財としての要素を持ちます。

　しかし，子どもは公共財としての性格をもつという主張もあります。例えば，日本で採用されている年金保険は賦課方式という，ある時点の現役世代の保険料と税財源で，高齢世代の給付を支えているという仕組みを採用しています。**図表3−6**に示された0期の子ども世代は，当然成長して1期に生産年齢になります。このグループは，親世代が加齢により高齢化した1期のグループの年金財源を直接負担することになります。また0期の子ども世代は，1期における自身の経済活動，それを源泉として徴収される税を財源

とするインフラを通じて，全世代の豊かな生活を支えることになります。

この場合，0期で子どもをもうけることなく，育児を行わなかった人たち
は，1期の老後の生活を，1期の生産年齢のグループ，つまり0期の子ども
たちに依存することになります。1期の老後の生活を支える年金サービス，
各種のインフラサービスから，子どもをもうける，育てる負担を行わなかっ
た人たちを排除することはできません。また1期の年金サービスは競合的で
すが，インフラサービスは非競合的です。

つまり子どもというのは私的財と公共財の性格が入り混じったものだと位
置づけることができます。少子化が日本の将来にとって，非常に深刻な影響
を与えるだろうことは，多くの人の賛同を得ることができます。しかし，ど
の程度の公共財としての性格があるのかについて，識別するのは極めて困難
でしょう。また，子どもをもうけるかどうかという判断は，市民として自身
の人生を選び取る自由と密接に関わっています。社会の根幹にある価値観と
密接に関わる判断が必要でしょう。つまり，この問題は前章で述べた，市場
の失敗を是正する対策が所得分配と密接に絡んでいるだけではなく，社会の
価値観の選択にも深くかかわっている事例としてとらえることができます。

Working　　　　　　　　　　　　　　　　　　　　調 べ て み よ う

　公共部門が直接供給している，またはその供給に関与しているものについて，
図表3－1の公共財のスペクトラムでどのような性質を持っているかについて，
調べてみよう。

Discussion　　　　　　　　　　　　　　　　　　　議 論 し よ う

　Working の作業を受けて，純粋公共財として整理することができなかったも
のについて，公共部門の直接供給あるいは何らかの関与を行うことの是非につい
て議論しよう。

| Training | 解 い て み よ う |

消費者 A，消費者 B によって構成されている社会を考える。2 人とも財 X の需要曲線が，$P = 800 - 200X$ で表されるとする。ここで P は財 X の価格である。

(1) 財 X が私的財で，供給する際の限界費用が 200 で一定のとき，財 X の均衡取引量はどれだけになるか。限界費用が 800 で一定のときの均衡取引量はどれだけか。

(2) 財 X が公共財で，供給する際の限界費用が 200 で一定のとき，財 X の最適な供給量はどれだけになるか。限界費用が 800 で一定のときの最適な供給量はどれだけか。

(3) 財 X が公共財で，供給する際の限界費用が 200 で一定のとき，リンダールメカニズムで供給される供給量はどれだけになるのか。その時，消費者 A，消費者 B が負担するリンダール税は 1 単位当たりいくらになるのか。限界費用が 800 で一定のときについても，同じ検討を行いなさい。

▶ ▶ ▶さらに学びたい人のために

● 小川光・西森晃 [2022]『公共経済学（第 2 版）』中央経済社。

● 寺井公子・肥前洋一 [2015]『私たちと公共経済』有斐閣。

● 中川雅之 [2008]『公共経済学と都市政策』日本評論社。

● 中川雅之 [2022]『財政学への招待』新世社。

参 考 文 献

永瀬伸子 [1997]「子供の養育の経済分析」『東洋大学　経済論集』22(2)，69-96 頁。

第 **4** 章 情報の非対称性

Learning Points

▶情報の非対称性とはどんな現象で，社会にどのような損失を与えるのか。

▶取引の当事者は情報の非対称性の弊害を回避するために，どのような行動をとっているのか。

▶公共部門はどのような場合に，情報の非対称性を解消する公共政策を実施するのか。

▶情報の非対称性を解消する公共政策によって，もたらされる可能性のある弊害とは何か。

Key Words

逆選択　シグナリング　自己選択　参入規制

1 情報の非対称性の理論

1.1 情報の非対称性とは

　住宅の品質は，広さ，間取り，眺望，最寄り駅からの距離，都心までの時間距離，近隣の環境，学校や行政サービスの質，耐震性能，耐久性能，遮音性能など多岐にわたります。多岐にわたる品質水準を確保するためのコストから，売り手は「これ以上の価格でなければ売らない」オファー価格を設定します。一方，買い手はその品質水準を観察して，「ここまでの価格であれば払っても良い」付け値を設定します。

　また買い手は，自分のライフスタイルや選好に合致した住宅を探し出すために，不動産情報ポータルサイトを眺めたり，不動産業者や住宅展示場をこ

059

まめに回るサーチ行動を行います。逆に売り手も，買い手をサーチします。このサーチ行動により，買い手の付け値よりも低いオファー価格の物件が見つかった場合に，交渉を経て取引が成立することになります。

　しかし，住宅の品質は，買い手のサーチ行動によって明らかになるものばかりではありません。広さ，間取り，眺望，最寄り駅からの距離，都心までの時間距離などについては，不動産ポータルサイトからある程度明らかになるものの，近隣の環境，学校や行政サービスの質などについては，実際に現場を観察し，その地域に住んでいる人の評判を聞いてみなければ，把握することは難しいです。さらに，耐震性能，耐久性能，遮音性能などの専門的な知識を持たない人間には，実際に観察したり，説明を受けてもなかなか理解できない項目も多くあります。

　取引を成立させるために相対している売り手と買い手の間で，対象となっている財の品質に関する情報量に格差がある状態は，**情報の非対称性**がある状態と呼ばれます。売り手は自分が売ろうとする財の品質を熟知しているものの，買い手は自分が買おうとする財の品質に関して十分な情報がない状態は，よくありそうですね。このような場合，経済学では「良質な財・サービスの供給ができない」，あるいは，「市場そのものが成立しない」状態がもたらされることが指摘されています。

1.2 逆選択

　このような現象は多くの財・サービスで観察されます。例えば，大学生は3年生の夏休みくらいからインターンシップなどを通じて，事実上の就職活動を行い，卒業後に一斉に社会に飛び立ちます。このような労働市場も，自分の労働サービスの売り手である学生と，その買い手である企業のマッチングの場であります。売り手である求職者は，自分の労働者としての能力，生産性をよく知っています。一方，企業はエントリーシートを読み，ペーパー試験を行い，何度も何度も面接を繰り返して，求職者の生産性等を見極めようとしますが，十分に把握することができるでしょうか。筆者の経験からす

れば，「実際のところは働かせてみないとわからない」というのが正直なところです。つまり労働市場も典型的な情報の非対称性が存在する市場です。

ここで，生産性の低いAタイプの求職者50人と生産性の高いBタイプの求職者50人がいるものとします。ひとまず出発点として，学歴の差はなく，高校卒業時点でこのような2つのタイプの求職者がいるものとします。Aタイプの求職者は，コストをかけて自分の能力を高めてきたわけではないので，賃金も最低限4もらえればいいと考えているとしましょう（オファー価格）。一方で，Bタイプの求職者は，これまで時間と労力とお金をかけて勉強に取り組み，様々な人生体験も積んで，高い生産性を獲得しているので，オファー価格が8である状態を仮定します。

一方，100社の企業が求人をかけていると考えましょう。個々の企業は1人雇用する計画をもっています。企業はどちらのタイプの求職者を雇ってもいいと思っていますが，生産性の低い求職者には5までの賃金，生産性の高い求職者には10までの賃金を支払う用意しかありません（付け値）。

1.2.1 情報の非対称性がない場合

最初に情報の非対称性がない場合，つまりエントリーしてきた求職者の生産性を，企業が正確に把握することができる場合を考えましょう。このような設定では，生産性の低い労働サービスに関する市場と，生産性の高い労働サービスに関する市場が成立します。

図表4−1には，両市場の需要曲線と供給曲線が書かれています。生産性の低い労働市場では，オファー価格が4の売り手が50人います。企業は5までの賃金であれば，生産性が低くても100人雇っても構わないと思っています。一方，生産性の高い労働市場では，オファー価格が8の売り手が50人います。企業は10までの賃金であれば，生産性の高い求職者を100人雇ってもいいと考えています。

この場合，両市場においても，オファー価格を付け値が上回っていますから，生産性の低い求職者が50人，生産性の高い求職者50人がそれぞれの市場で雇用されることになります。この時に生じる社会的余剰を灰色の網掛け

図表4-1 ▶▶▶情報の非対称性のない労働市場

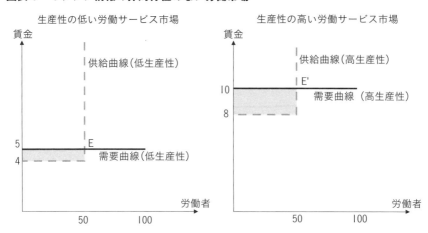

部分で示しています。つまり，(5-4)×50+(10-8)×50=150の社会的余剰が生じています。この社会的余剰を企業と労働者が交渉して分配するのですが，議論を簡単にするため，企業は付け値いっぱいの賃金を支払うものとしましょう。つまり社会的余剰はすべて求職者に分配されます。

1.2.2 情報の非対称性がある場合

次に情報の非対称性がある場合を考えましょう。この場合，求職者は自分がどちらのタイプかを知っています。企業は，50人の生産性の高い求職者と50人の生産性の低い求職者がいることは知っていますが，エントリーしてきた求職者がどちらのタイプなのかを見極めることはできません。この場合，企業はどのような判断をすることになるでしょうか。企業はエントリーしてきた人を，50％の確率でタイプA，50％の確率でタイプBの求職者であると考えるのが合理的です。このような求職者に対して企業は，0.5×5+0.5×10=7.5の付け値（の期待値）を提案することになります。その時の両市場の状況を描いたのが，**図表4-2**です。

図表4-2にあるように，企業は生産性の低い労働市場においても，生産性の高い労働市場においても，同じ7.5の賃金の提案を行います。生産性の低い求職者のオファー価格は4ですから，この提案には大喜びで飛びつき

図表4-2 ▶▶▶情報の非対称性がある労働市場

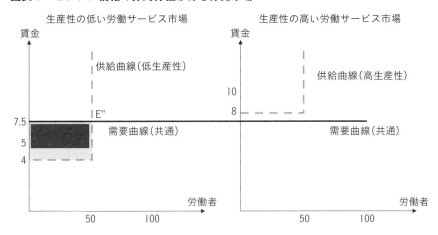

ます。しかし，生産性の高い求職者のオファー価格は8ですから，7.5の賃金の提案に応じる気はありません。このため，生産性の低い労働者のみが雇用され，生産性の高い労働者は市場から退出します。市場は，質の良い財・サービスを選択する機能があると考えられてきましたが，全く逆のことが起こっています。このような現象を**逆選択**といいます。

　この時の社会的余剰はどうなるのでしょうか。生産性の低い求職者は7.5の賃金と自分のオファー価格の差である，**図表4-2**左図の薄い灰色の部分の余剰を得ます。しかし企業は，7.5の賃金を，本当は5の価値しかない求職者に支払っているのですから，**図表4-2**の黒い四角部分の損失が生じています。このため生産性の低い労働市場では，$(5-4) \times 50 = 50$の社会的余剰が生じているのみです。**図表4-1**のケースの社会的余剰の3分の1に減少していることがわかります。つまり，情報の非対称性は社会的余剰の減少を招いています。

2　どのようにして情報の非対称性に対応するのか

　このように社会的損失を招いている情報の非対称性に，どのように対応す

ればよいのでしょうか。まずは公共政策による対応を検討する前に，当事者でその解決を図ることができないかを検討してみましょう。

2.1 シグナリング

　前節で述べたような情報の非対称性がある市場では，労働サービスの買い手である企業が大きな損失を被ったり，全く雇用できない状況に置かれます。しかし，生産性の高い求職者も正当な評価が与えられず，労働市場から退出せざるを得ない状態に置かれています。タイプＢの求職者は，自分の生産性に見合った賃金を確保するため，**シグナリング**と呼ばれる行動をとる場合があります。シグナリングとは，情報を持つ側が財の品質に関する情報を，情報を持たない側に伝えることで，情報の非対称性を回避しようとする対応です。

　シグナリングの例としてよく使われるのが，生産性の高い求職者が高い学歴を獲得することで，労働市場において，企業が観察できない自らの能力を伝えようとする行動です。これまでの説明ではタイプＡの求職者も，タイプＢの求職者も学歴に差はなく，高校卒業時点で就職活動を行うものとしてきました。しかし，企業がここで，

- 大卒の求職者に対しては10の賃金を，高卒の求職者に対しては5の賃金を提供する

という条件を示したとしましょう。

　さらに，大学を卒業するためのコストが，生産性の低いタイプＡの求職者は6かかるものの，生産性の高いタイプＢの求職者は1で済むものとしましょう。生産性の高いタイプＢの求職者は，小さい頃からお金や時間をかけて，真面目に勉強しており（これを**人的資本投資**と呼びます），基礎学力も高く，大学を卒業するためのコストも低いものと考えます。その場合のタイプＡの求職者の利得を学歴別に描いたのが，**図表４－３**です。

　生産性の低い求職者（タイプＡ）が高卒のまま就職した場合，5の賃金しかもらえませんが，大学には行かないので追加的コストは発生せず，**図表４**

図表 4 − 3 ▶▶▶ 生産性の低い労働者の学歴の選択

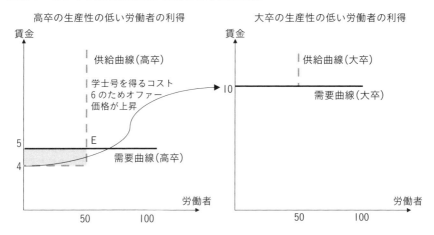

− 3 左図にある灰色の網掛け部分の余剰を得ます。一方，大卒資格（学士号）を手に入れた場合，10 の賃金をもらえますが，大学を卒業するのに 6 のコストがかかっていますから，オファー価格も 4 + 6 = 10 に引き上げられます。この場合，大卒の労働者に企業が支払う賃金は 10 ですから，この求職者が得ることのできる余剰はありません（**図表 4 − 3 右図**）。このため，生産性の低い求職者は大学に進学しようとしません。

　一方，生産性の高い求職者（タイプ B）はどうでしょうか。**図表 4 − 4** 左図に生産性の高い求職者が高卒で就職をした場合の，彼の利得が描かれています。これまでに一定の人的資本投資を行ってきたため，彼のオファー価格は 8 でしたが，高卒の労働者に支払われる賃金は 5 です。一方，彼らが大卒資格を得るためのコストは 1 で済むので，オファー価格は 8 + 1 = 9 になります。大卒の労働者に支払われる賃金は 10 ですから，生産性の高い求職者は，**図表 4 − 4** 右図の灰色の網掛け部分の余剰を得ます。このため，生産性の高い求職者は大学進学を選択し，高い賃金を獲得します。生産性の高い求職者は，そのほかの求職者と差別化を図って高い賃金を得るために，大卒資格を得て就活を行う，このような対応をシグナリングといいます。

　ここでは，大学での勉強は，求職者の生産性に全く影響を与えないという設定で説明をしていることに注意してください。しかし，もともと生産性の

図表 4 − 4 ▶ ▶ ▶ 生産性の低い労働者の学歴の選択

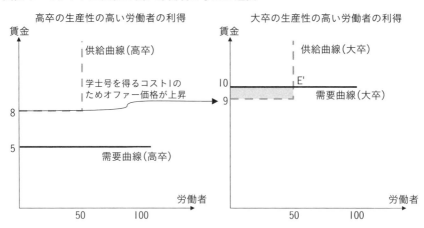

高かったタイプBの求職者は,「自分は生産性の高い求職者です」と主張しても,みんな同じことを言いますので,全く信じてもらえませんでした。大学を卒業するためにかかるコストが2つのタイプで異なることを利用して,生産性の高い求職者のみがその主張を信じさせることに成功しています。

この場合の社会的余剰を比較してみましょう。**図表4−3**の左図,**図表4−4**の右図が実現しますから,社会的余剰は,$(5-4)\times 50 + (10-9)\times 50 = 100$となります。**図表4−1**の情報の非対称性のない状況に比べれば低下していますが,**図表4−2**の状態よりは増加しています。これはシグナリングに一定のコストはかかりますが,情報の非対称性によって生じた社会的余剰の損失を改善していることがわかります。

また,情報を持っている側は,あえて取引に第三者を介在させることで,信頼性の高い情報を相手側へ伝えることができます。金融機関は融資を行う場合,融資先の財務内容,保有技術,将来性などの情報を集めなければなりません。しかし,このような広い範囲の情報を収集するには大きなコストがかかります。そもそも公開されていない情報もたくさんあります。一方,企業は自らの状況を完全に知っているため,ここに逆選択が発生し,パフォーマンスの良い企業が,それに見合った金利で融資を受けられない可能性が生じます。

このため，企業はあえて格付け機関という第三者を介在させて，大きなコストを支払って格付けをとることで，金融機関に対して自らの情報を信頼できるものとして発信しようとするのです。

2.2 自己選択（スクリーニング）

シグナリングとは逆に，情報を持たない側が，複数の契約オプションを示し，情報を持つ側の選択行動を観察することで，情報を開示させようとすることを，**自己選択**といいます。

例えば，医療保険への加入者（被保険者）は自分の健康状態をよく知っていても，保険会社などの保険者が加入者の病気になるリスクを，正確に知ることは容易ではありません。確かに保険者は，加入者の健康診断の結果をみることで，健康状態をある程度把握することは可能です。しかし，どんな食生活をしているのか，喫煙，飲酒の習慣があるのか，運動習慣があるのかなどを把握することは困難でしょう。ランダムな要因で生じてしまう病気やケガではなく，我々がかかる病気の大部分が生活習慣病ですから，保険市場は元来情報の非対称性の強い市場と考えることができます。

生活習慣を考慮に入れて，病気になるリスクが低いグループと高いグループがあるとします。保険者としては，リスクが低いグループには低い保険料（40）を提案して，高いグループには高い保険料（90）を提案するのが合理的です。被保険者は自分の病気になるリスクを十分に知っていますから，リスクの低いグループは低い保険料（50）しか支払う気がありません。リスクの高いグループは，高い保険料（100）でもやむを得ないと思うかもしれません。

病気になるリスクに関する情報の非対称性がない場合の保険市場が，**図表4－5**に描かれています。どちらのグループも，加入者が支払ってもよいと思う付け値が，保険者が最低限もらいたいと思っているオファー価格を上回っていますから，リスクが低いグループも高いグループも保険に加入することができます。

図表 4 − 5 ▶▶▶ 情報の非対称性がない場合の保険市場

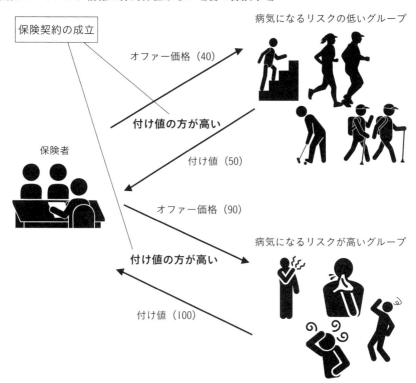

　しかし，保険者と被保険者間で情報の非対称性がある場合は，これまで説明したとおり逆選択が起こります。ここでも，リスクの低いグループと高いグループがちょうど半々存在している場合を考えましょう。保険者は，加入を申請してきた被保険者のリスクを個別に判定できないので，平均的な保険料（$0.5 \times 40 + 0.5 \times 90 = 65$）を両グループに提案します。その様子が**図表 4 − 6**に描かれています。この場合，病気になるリスクが低いグループは，自分が最大限支払ってもいいと考える保険料を上回る保険料を請求されますから，保険市場から退出することになります。保険市場に残るのはリスクの高いグループだけになります。保険市場とは様々な人が抱える多様なリスクをプールして，初めて成立する市場ですから，リスクの高い人だけでは成立するわけがありません。

図表 4 － 6 ▶▶▶ 情報の非対称性がある場合の保険市場

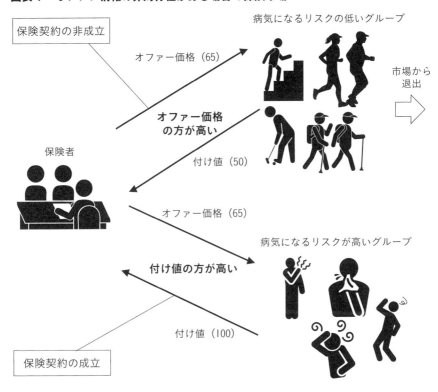

　しかし，保険会社は，保険のカバー率が大きい（例えば生活習慣病もカバーする）が保険料率の高い保険メニューと，保険のカバー率が小さい（ランダムな要因によって生じる疾病，ケガしかカバーしない）が保険料率の低いメニューを，加入者側に提示することができれば，情報の非対称性をある程度緩和することができます。

　病気になるリスクの低い者は，ランダムな要因によってしか病気にならないので，後者のタイプの保険商品を選択することが合理的です。逆に病気になるリスクの高い者は，高い保険料を支払っても，カバー率の大きい保険を購入することが合理的です。情報を持たない保険会社は，このように複数の契約オプションを提示することで，加入者側の病気リスクに関する情報を引き出すことに成功します。

3 情報の非対称性への対応の難しさ（資格）

3.1 公共政策による対応のタイプ

　情報の非対称性がある場合には，それに伴う損失を回避するために当事者がとる行動として，シグナリング，自己選択などの対応があることがわかりました。ただし，

- シグナリング，自己選択などによって十分な対応ができない
- 情報の非対称性が国民の生命・財産の安全性を毀損したり，大きな損害をもたらしてしまう

場合には，公共政策として情報の非対称性の是正を行わなければなりません。

　この場合，公共政策による対応は，

①情報の開示義務や真正な情報であることの保証

②質について一定水準に満たない財・サービスの供給禁止

という形をとることが多いです。

　①に関する例としては，食品のアレルゲン，保存の方法，消費期限，原材料，添加物，栄養成分の量，原産地などに関する，食品関連事業者の表示義務を挙げることができます。これは食品の安全性が，国民の健康という重大な価値に直結しているためだと考えられます。また，不動産取引や金融商品の販売については，不動産業者や金融商品販売会社に重要事項の説明義務が課されています。また住宅などの，性能の評価に専門的な知識や技能が必要な財の品質については，それを評価し表示できる専門の機関が指定されています。

　また，②についても例えば建築物については，法律で建築物が満たさなければならない最低限の基準が定められており，その最低限の基準を超えた性能のものしか供給させないという対応がとられています。このため，建築確認という定められた基準に合致しているかを確認する手続きが導入され，それを行うことのできる機関も定められています。これも建築物の安全性が国

民の生命・財産に大きくかかわることから，導入されたものです。

　このような形で，公共政策による情報の非対称性の解決が図られています。しかし，情報の非対称性による弊害を回避するための公共政策が，別の問題を生み出しているケースがあります。

3.2 資格の付与と参入規制

　例えば②の対応を行うために，財・サービスの品質を直接評価して，最低限の基準を満たしているかを判定するのではなく，その財・サービスの供給者が一定の専門知識や技術があることを保証する**国家資格**を設ける，という対応をとることがあります。

　例えば，医療サービスを供給する医者は，自分が名医なのか，やぶ医者なのかを知っていますが，患者はわかりません。弁護士は，自分に依頼人の利益を守るための十分な知識や能力があるのかを知っていますが，依頼人はわかりません。このように情報の非対称性が生じているときに，医療サービスを提供する人，弁護サービスを提供する人について，国家資格を得た最低限の能力を満たしている人のみが，その仕事ができる状態を作り出すことは理にかなっていると思われます。

　しかし，このような国家資格に代表される，特定の人にしかその財・サービスの供給を認めない制度は，**参入規制**として作用することが知られています。例えば，美容師，理容師は国家資格です。これらの資格を得るために，高額の学費をかけて厚生労働省認可の美容学校，理容学校に２年間通う必要があります。そして，試験は非常に広い範囲の知識を求めています。ファッションに関係する知識のほか，物理学等の知識も求められています。一方，実技科目として，現場からはあまり需要がないのではないかという技術の判定も求められるようです。問われるべきは，サービスを提供する者が備えるべき最低限の能力を判断するために，規制が必要十分なものになっているかという点です。

　第１節では情報の非対称性の例として，品質の劣るサービスと品質の優れ

ているサービスがあり、それを見分けることができないために逆選択が起こってしまうことを示しました。その時の説明では、買い手は品質の劣る財・サービスでも価格が質に見合っていれば、購入することによって消費者余剰を得ることができました。しかし、ここで国民の生命・財産の安全に重大な影響を及ぼすものであるため、品質の劣る財・サービスの供給を許さない場合を考えます。このこと自体は情報の非対称性の弊害を回避する公共政策として、まっとうなものに思えます。

しかし、このような政策は財・サービスの供給者を限定するというものです。完全競争市場は、供給する者の参入・退出が自由であることが前提となっていました。その前提が供給者間の競争を保障し、社会的余剰の最大化を実現していました。参入規制として機能する公共政策は、この前提の成立を危うくする可能性があります。

一定以上の品質の財・サービスに関する市場の様子が、**図表4－7**に描かれています。これまでの説明では、高品質のものも、低品質のものも取引される市場を念頭に置いていましたが、ここでは規制によって高品質のものしか取引されない市場を考えます。しかし、高品質の財・サービスが供給さ

図表4－7 ▶▶▶一定以上の品質の財・サービス市場（自由参入時）

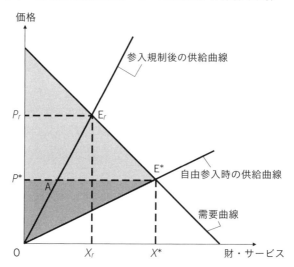

れるならば，誰がどれだけ供給しても構いません。それらの財・サービスは自由に取引されます。その場合の供給曲線が，自由参入時の供給曲線として描かれています。この場合はE^*で均衡するため，消費者余剰は薄い灰色の網掛けをしている三角形，生産者余剰は濃い灰色の網掛けをしている三角形で示されています。しかし，国家資格等の参入規制はそれ以上の供給制限をかける場合があります。その様子が**図表4－8**で示されています。

その場合の供給曲線が「参入規制時の供給曲線」として描かれています。この場合はE_rで均衡するため，P^*でX^*までの取引が行われます。つまり自由参入時と比較して，価格は高くなり，取引量は減ります。消費者余剰は薄い灰色の網掛けをしている三角形，生産者余剰は濃い灰色の網掛けをしている三角形で示されています。その結果2つを足し合わせた社会的余剰は，**図表4－7**と見比べるとドットで網掛けをしている△OE^*E_rだけ減少しています。この△OE^*E_rは死荷重です。

なぜこのようなことが行われるのでしょうか。出発点を**図表4－8**の状態，参入規制が行われている状態から考えましょう。その場合，供給者は参入規制後の供給曲線に沿って供給を行っているため，濃い灰色の網掛けの三角形

図表4－8 ▶▶▶**一定以上の品質の財・サービス市場（参入規制時）**

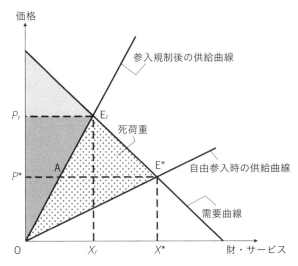

図表 4 − 9 ▶▶▶ 参入規制撤廃による既得権の減少

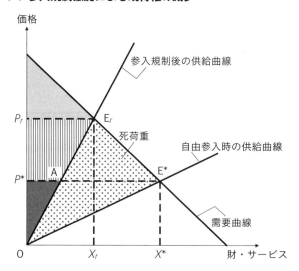

は規制によって守られている人の既得権と考えてもよいでしょう。これを規制緩和して，自由参入を認めると，これらの人たちの既得権は**図表 4 − 9** の濃い灰色の三角形の面積まで減少します。つまり，規制緩和で失う既得権は**図表 4 − 9** の縦線で網掛けをしている，□$PrErAP^*$ にあたります。

もし財・サービスの水準を直接観察し，それをコントロールすることができるのであれば，そのような財・サービスに関する**図表 4 − 7** のような自由参入市場を設計すればよいのでしょう。しかし，財・サービスの個別性が強い場合は，それを供給する者の能力を観察し，コントロールする必要があります。その場合には**図表 4 − 8** のような既得権を持ったグループが誕生して，過剰な参入規制を導入する可能性が生じます。人間の能力についても絶対基準を定め，それを観察し，コントロールすればいいのでしょうが，それを観察し，コントロールする能力を持った人たちは，規制される側の人たちと同じグループであることが予想されます。このような規制は，規制の構造や規制を導入し，管理する側のインセンティブを見極める必要があります。

このように参入規制によって情報の非対称性を回避しようとした場合に，規制によって守られているグループが誕生して，そのグループが過剰な規制

を様々な名目の下に維持しようとする慣性がはたらきます。これらのグループを**利益団体**といいます。この利益団体については，第Ⅱ部で詳しく解説します。

Working
調べてみよう

　情報の非対称性が大きな弊害を与えていると思われる財・サービス市場を，1つ挙げなさい。その上で，シグナリングなど当事者がその弊害を回避する行動をとっているのか，公共政策によって何らかの解決が図られているのかを，調べてみよう。

Discussion
議論しよう

　Working の作業を受けて，公共政策としての取り組みが行われている場合に，それが過剰な参入規制として機能していないかについて議論しよう。

Training
解いてみよう

　情報の非対称性から生じる問題に関する以下のすべての記述について，理由を付して正誤を判定しなさい。

(1) 保険市場において，保険者が被保険者の健康状態の情報をもたないために保険料が割高となり，病気になる確率が低い人々が保険の市場から消え，病気になる確率が高い人ばかりが契約するようになることは，逆選択の事例である。

(2) 中古車の市場において，購入希望者が中古車の状態に関する情報をもたないことから，中古車市場から質のよい中古車が淘汰され，質の悪い中古車ばかりが取引されるようになることは，逆選択の事例である。

(3) 情報の非対称性が存在するとき，情報をもたない側が複数の契約を示しその中から相手に選択させることによって相手のタイプの情報を顕示させることは，モニタリングと呼ばれる。

▶▶▶さらに学びたい人のために

● 小川光・西森晃［2022］『公共経済学（第2版）』中央経済社。

● 寺井公子・肥前洋一［2015］『私たちと公共経済』有斐閣。

● 中川雅之［2008］『公共経済学と都市政策』日本評論社。

参考文献

● 八田達夫［2008］『ミクロ経済学Ⅰ』東洋経済新報社。

第 **5** 章 **不完全競争**

Learning Points

▶不完全競争は，社会にどのような損失を与えるのか。

▶公共政策として，独占が認められる場合と，認められない場合があるのは
なぜか。

▶自然独占において，どのような公共政策をとることで，社会に対する損失
を低下させることができるのか。

Key Words

不完全競争　自然独占　総括原価主義　ユニバーサルサービス

1 / 不完全競争の理論

　第1章では，市場メカニズムが社会的余剰の最大化をもたらすことを説明
しました。その時の重要な前提が，売り手も買い手も，言い換えれば企業も
消費者も価格に影響を与える力を持たないというものでした。**価格受容者**
（**プライステイカー**）として，市場で決まった価格を一方的に受け取って，
その価格に基づいて，生産，または消費を行うということです。

　そのような企業と消費者が構成する市場を**完全競争市場**といいました。し
かし実際の市場においては，財やサービスを供給する企業が価格に影響を与
える力を持ったり，労働サービスの買い手である企業が賃金決定にあたって，
一方的な影響力を持つことが多々あります。このような状況を不完全競争と
いいます。不完全競争という環境下ではどのような問題が生じるのでしょう
か，それをまず考えていきましょう。

077

1.1 不完全競争とは

図表5-1には，ある財・サービスに関する需要曲線と，一定(b)の限界費用曲線が描かれています。限界費用曲線は前述のとおり供給曲線を意味します（固定費用（C）及び限界収入については次項で説明します）。この場合，需要曲線と供給曲線の交点で均衡価格 P^* と均衡取引量 X^* が決定されます。そして，需要曲線と水平な限界費用曲線で囲まれた部分が消費者余剰になります。限界費用が一定ですから，ここでは生産者余剰は考える必要がありません。この市場均衡の状態で消費者余剰が最大化されているのは，第1章の説明のとおりです。

しかし，ここで企業がプライステイカーではなく，価格に影響を与える力を持っている場合を考えましょう。典型的にはこの財・サービスを供給する企業が1社しかいない，**独占企業**である場合です。

財・サービスを供給している企業は1社しかないのですから，企業は社会全体への供給量と価格の組み合わせを，自分で選ぶことができます。そうは言っても，完全に自由に選ぶことができるという意味ではありません。ある価格で財・サービスを供給しても，消費者が買ってくれなくては意味があり

図表 5 - 1 ▶▶▶不完全競争下の均衡

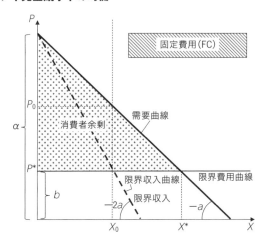

ません。このため独占企業は，需要曲線上の点から，最も都合のよい組み合わせを選ぶことになります。

完全競争市場のように，たくさんの企業とたくさんの消費者が向き合っている状態であれば，1社が市場均衡 P^* 以上の価格で一定の量（需要曲線上の対応する量）を売ろうとしても，それよりも低い価格で供給してもいいという企業が出てくるので，その状態を維持することはできません。しかし，供給しているのが1社しかないのであれば，その企業が選択した需要曲線上の量と価格の組み合わせに影響を与える競合相手は現れません。

1.2 独占企業の行動

その場合，独占企業はどのような生産量と価格の組み合わせを選ぶのでしょうか。企業は自身の利潤を最大化する主体であると経済学では考えています。ここで需要曲線を，

$$P = -aX + \alpha \tag{1}$$

としましょう。X は財・サービスの供給量，P はその価格で，**図表5－1**の需要曲線は，(1)式を図に描いたものになっています。この場合，企業の利潤は，

$$
\begin{aligned}
利潤 &= PX - bX - FC \\
&= (-aX + \alpha)X - bX - FC \\
&= -aX^2 + (\alpha - b)X - FC
\end{aligned} \tag{2}
$$

となります。bX は**変動費用**と言って，生産量に応じて増減する費用です。労働力や原材料のコストだと思ってください。ここで b は限界費用を表します。FC は**固定費用**と言って，設備など生産量に関係なく初期時点でかかる費用を指します。この固定費用は，少し奇妙に見えるかもしれませんが，**図表5－1**では右上に描かれている四角形の面積で表されています。

(2)式は X に関する負の2次関数ですから，逆U字形をしていることが

079

わかります。つまり最初は X の生産量とともに利潤が上昇しますが，ある点を過ぎると下降し始めます。この上昇から下降に転じる点が，利潤を最大化する X の量になります。つまり(2)式を微分したものが0となることが，利潤最大化の条件になります。

$$-2aX + \alpha - b = 0$$

これは

$$限界収入 = -2aX + \alpha = b = 限界費用 \tag{3}$$

と書き換えることができます。**限界収入**とは，生産量を1単位追加した場合に得られる収入のことです。この限界収入曲線は**図表5−1**の点線で描かれています。また，限界費用曲線は**図表5−1**で水平線として示されています。この2つが等しい，つまり限界収入曲線と限界費用曲線が交わっている供給量で企業の収益が最大化されます。つまり独占企業は，X_0 まで生産して，それを P_0 の価格で売ることになります。

1.3 不完全競争が社会に与える損失

　この時，**図表5−2**に表されているように消費者余剰はドットで網掛けされた三角形になります。**図表5−1**では限界費用が一定でしたので，企業は生産者余剰を得ることができませんでした。少しだけ注意点を述べます。ここで限界費用には**正常利潤**と呼ばれる，通常の企業活動から得られる利潤が含まれています。このため生産者余剰が0であることが，企業活動に支障が生じることを意味するものではありません。

　しかし**図表5−2**では，企業は限界費用よりも高い価格 P_0 を得ることができるので，縦線で網掛けされた部分の**超過利潤**を得ます。企業が支払わなければならない費用は生産量に応じて負担しなければならない限界費用だけではなく，右上に描かれた設備などの固定費用がありますが，超過利潤はこの固定費用を上回っています。

　ここで消費者も企業も社会を構成する一員ですから，社会的余剰＝消費者

図表 5－2 ▶▶▶ 不完全競争の場合の社会的余剰

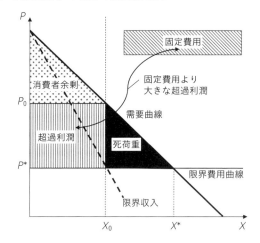

余剰＋超過利潤となります。この社会的余剰の大きさを**図表 5－1** と比較してみましょう。

　完全競争市場においては，消費者余剰＝社会的余剰が，需要曲線と限界費用曲線で囲まれた大きな三角形分だけ得られていました。その状況と比較すれば，消費者余剰と超過利潤を合わせても黒い三角形分だけ社会的余剰が少なくなっていることがわかります。この黒い三角形分を**死荷重**と呼びます。つまり不完全競争という状態は，独占企業が超過利潤を得て「ずるい」から好ましくないのではなく，この死荷重という社会的な損失を生むために是正されなければならないのです。

2　どのようにして不完全競争に対応するのか

2.1　競争政策と自然独占

　このように不完全競争は，死荷重という非効率な結果をもたらすため，何らかの介入が求められます。その1つは競争政策です。独占企業を生み出さないようにするため，**独占禁止法**のような規制が存在します。

しかし，独占企業が生じること自体を受け止めざるを得ないケースが存在します。それは，**規模の経済**が存在するケースです。生産に伴う費用は，先に説明した固定費用のほか，変動費用と呼ばれる供給量に応じて変動する費用があります。**図表5−1**と**図表5−2**では，供給量までの限界費用を合計することで得られます。財・サービスの生産の平均費用は，

　平均費用＝（変動費用＋固定費用）／生産量

として表されることになります。

　このため，大きな固定費用が必要な場合は，分子の固定費用は，生産量にかかわらず一定であるため，変動費用が大きく上昇しない限り，生産量を大きくすればするほど平均費用は低下することになります。消費者の需要量がこの平均費用が低下し続ける領域にある場合は，無理に複数の企業に財・サービスの供給を行わせるよりも，1つの企業にその供給を委ねた方が効率的です。このような場合を**自然独占**と呼びます。

　しかし自然独占が認められるかどうかは，その財・サービスの供給に関する技術的な環境によって左右されます。例えば，電力供給は発電，送電，小売りというサービスによって構成されています。このサービスをまとめて供給する地域の電力会社に，自然独占が認められてきました。しかし近年小規模発電技術などの発達により，電力供給に関する規模の経済性が変化してきました。このため，発電，小売りに関しては自由化が進められ，自然独占が認められるのは送電事業のみという状況になっています。

　また，自然独占が認められるとしても，独占に伴って発生する死荷重をコントロールする必要があります。つまり，独占状態を認めた上で，できるだけ社会的余剰の損失が低くなるような介入が求められます。その方法をみていきましょう。

2.2 国有化・公営化

　不完全競争が死荷重をもたらすのは，生産量が少なすぎて，価格が高すぎることに原因がありました。それではどうしたらよいのでしょうか。**図表5**

－1のような供給を行ってほしいのですが，利潤を追求する独占企業にそれを求めるのはそもそも無理でしょう。社会的余剰を最大にする財・サービスの供給を実現するために，**国営化，公営化**するという手段がとられる場合があります。かつて鉄道事業，電信電話事業，郵便事業などは国営で行われてきました。

しかし国営事業，公営事業に限らず，競争にさらされていない独占企業では**X非効率性**が高まると言われています。競争にさらされている企業は，それぞれの生産量を，より少ない費用で生産する動機があります。しかし独占企業においてはそれが失われるため，効率的な生産が行われません。これをX非効率性といいます。絶対につぶれることがなく，経営の監視も必ずしも十分に行われず，議会へのアカウンタビリティのみを求められる，国営・公営企業ではこのX非効率性が非常に大きなものになると言われています。

このため，鉄道事業はJR，電信電話事業はNTTへと民営化されることとなりました。

2.3 価格規制

次に考えられる対応としては，事業は民間会社に独占を認めて行わせるものの，価格を規制するというものです。社会的余剰を最大にするためには，価格を**図表5－2**のP^*に規制してしまうことが最も望ましい結果をもたらします。価格をP^*に規制した場合にはX^*の需要が発生しますので，完全競争市場と同じような状況が生まれるのではないでしょうか。

しかし，前述のとおり企業が負担しなければならないコストは，生産量に応じて増える変動費用だけではありません。P^*の価格でX^*を供給させた場合，企業は限界費用（P^*）を合計した変動費用を回収することはできても，初期段階で負担した固定費用を回収することはできません。

このため**総括原価主義**の下での**価格規制**という方法が導入されています。総括原価主義に基づく価格規制とは，**図表5－3**のP_1までの価格を認めるというものです。P_1は図の縦線の網掛け部分の超過利潤を発生させていま

083

図表５－３ ▶▶▶ 総括原価主義の下での社会的余剰

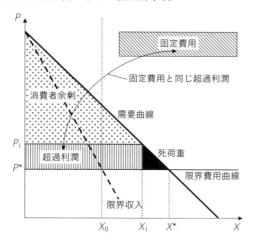

すが，この面積は**図表５－３**の右上に書かれている固定費用分と同じです。つまり，総括原価主義による価格規制とは，X_1まで生産する変動費用と初期にかかった固定費用の回収を可能にする，**平均費用価格形成原理**に従ったものと受け止めることができます。

このように総括原価主義のもとで独占を認められているケースは，実際たくさんあります。電力事業，上下水道事業，地域公共交通事業などがこの考えに基づいて，地域における独占的な事業を認められながら，公共料金の規制の下に事業を運営しています。

このような総括原価主義に基づいた財・サービスの供給には，どんな課題があるでしょうか。1つは**図表５－３**からもわかるとおり，完全競争市場が実現するであろう状態に比べれば，P_1は高すぎ，X_1は低すぎるため，黒い網掛けをした死荷重が残ってしまうことです。確かに，**図表５－２**に比べれば死荷重は大きく減少しています。しかし，社会にとっての損失が残存していることも事実です。またこのような形で，独占が認められ，変動費用も固定費用も回収できる価格設定を認められた場合には，できるだけ財・サービスの供給を効率的なものとしようとするインセンティブが生まれません。つまり前述のＸ非効率性も相変わらず残るということになります。

このため，**プライスキャップ制**という方法がとられることがあります。こ

れは価格の上限は規制するが，各企業の努力でさらに費用が節約された場合には，次期の上限価格設定にはその節約分を反映させないやり方です。この場合費用節約分が自身の収益になりますので，Ｘ非効率性が緩和されます。

　また，**ヤードスティック競争**という形で，地域独占企業同士の比較で実態上競争させ，独占企業にも費用節約のインセンティブを与えるという方法もとられています。

2.4 独占企業と内部補助

　次に，地域独占を認めた企業に関して課される，**ユニバーサルサービス**という規制について考えてみましょう。ユニバーサルサービスとは，ある企業が地域独占を認められた場合に課される，地域への財・サービスの供給義務を指します。広い地域に対して地域独占が認められた場合，その企業に赤字をもたらす地域も黒字をもたらす地域もあるでしょう。しかし，地域独占を認められた企業は赤字を生む地域においても，財・サービスの供給を行わなければならないという規制が，ユニバーサルサービスです。住民の立場に立ってみると，そのサービスを供給してくれる企業は１社しかありませんから，当たり前と考えるかもしれません。しかし，そのような規制を行って，財・サービスの供給を行う企業は，大きな赤字を抱えて，存続できないような状態にはならないのでしょうか。

　図表５－４は，**図表５－３**の需要曲線を，地域１と地域２に分割したものが描かれています。需要曲線は人々の個別需要曲線を横方向に足したものですから，左図は地域１の住民の需要曲線を合計したもの，右図は地域２の住民の需要曲線を合計したものと考えることができます。例えば送電サービスを考えましょう。送電サービスは規模の経済が働きやすいサービスだと考えられていますから，広域的な地域での地域独占が認められています。その広域的な地域には面積は同じであるものの，少ない人口が散らばっている人口密度の低い地域１と，多くの人口が集積している地域２があるものとします。地域１でも，地域２でも送電サービスを実施するためには，同額の固定

図表5-4 ▶▶▶ユニバーサルサービスの下での社会的余剰

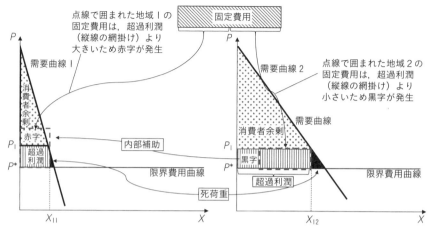

費用をかけた設備投資が必要だとします。

この場合総括原価主義の下，地域独占企業は P_1 の価格が認められています。地域1と地域2を分けてみた場合に何が起きているかをみてみましょう。左図では地域1に行った設備投資分の固定費用と同じ面積が，超過利潤に重ね合わせる形の太い破線で描かれています。これは地域1で発生している縦線部分の超過利潤を上回っていますので，赤字が発生しています。

一方，右図の地域2では発生している超過利潤が固定費用（重ねて描かれている破線の四角形）を上回っていますので，地域2では黒字が発生しています。このため，地域2の黒字を地域1に**内部補助**をすることでユニバーサルサービスが成立しています。なお，両地域とも黒で網掛けされた死荷重が発生しています。

3　不完全競争への対応の難しさ（ユニバーサルサービス）

3.1　シュタットベルケとは

現在，ドイツの**シュタットベルケ**という仕組みが，日本でも注目を集めて

います。背景には，人口減少，少子高齢化が進む地方で，公共施設，スポーツ施設の維持・管理費の財源不足や公共交通の縮小が続いていることがあります。ドイツのシュタットベルケは，自治体規模の単位で管理されるインフラ・公共サービスを総合的に運営する公益事業体です。19世紀から地域の電気やガスの供給を行う事業体として普及してきました。この仕組みの特徴は以下の2点にあります。

- 公共事業や基礎的サービスの供給を集約して総合運営し，様々な事業ミックスで相乗効果をあげることで，適当な価格で市民サービスを提供する。
- エネルギーを主とする事業からの利益を，利益の出にくい事業（公共交通やプールなど）に内部補助する仕組みで，全体の事業性を確保している。

図表5－5 ▶▶▶ウルム・ノイウルムシュタットベルケの仕組み

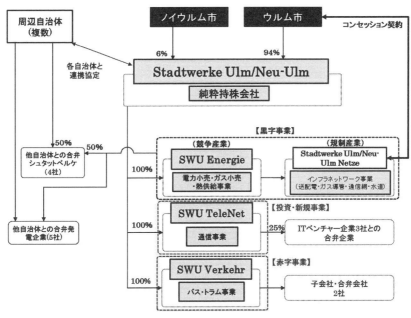

出所：国土交通政策研究所［2021］より（https://www.mlit.go.jp/pri/houkoku/gaiyou/pdf/kkk159.pdf）。

図表5－5には，ドイツのノイウルム市とウルム市が出資したシュタットベルケの構造が描かれています。2つの市が共同出資し，ホールディングス形態で各事業は子会社が運営しています。公共交通の赤字事業を自治体から引き受けていますが，その理由はシュタットベルケの所有者が市であり，地域の維持を使命としているから，とされています。なお，シュタットベルケの分社・統合は頻繁に行われていて，組織構造は事業環境や社会情勢によって柔軟に対応しているようです。

日本の地方部では，人口減少，少子高齢化で地域の様々な公共サービスが維持できない可能性が増しています。このようなシュタットベルケの取り組みは，日本の地方部の維持可能性を高めるものとして大きな注目を集めています。しかし，これを地域独占事業の内部補助という枠組みでみてみると，どのような示唆が得られるのでしょうか。

3.2 地域内の内部補助がもたらすもの

地域において人口減少，少子高齢化という外生的なショックがあった場合に，需要曲線が大きく落ち込む場合（財・サービス）とそうでない場合（財・サービス）があるかもしれません。例えば，電力などのエネルギー事業については，人口が減少しても単独世帯の増加などで世帯数が大きく変わらなければ，大きな需要の減少は起きないのかもしれません。一方，公共交通サービスについては，通勤，通学用の旅客需要は大きく落ち込むため，同時に起きているモータリゼーションとあいまって需要は大きく落ち込んでしまうかもしれません。

図表5－6には人口密度が高い地域1，人口密度が中程度の地域2，人口密度の低い地域3が描かれています。地域交通サービスはそれぞれの地域で独占を認められています。一方，エネルギー事業は広範囲な地域独占を認められています。このため，エネルギー事業は地域1と2で生じた黒字で，地域3の赤字を補填しているものとしましょう。地域交通サービスは，地域をまたがった内部補助は行っていません。

図表5－6 ▶▶▶ 内部補助先の転換としてのシュタットベルケ

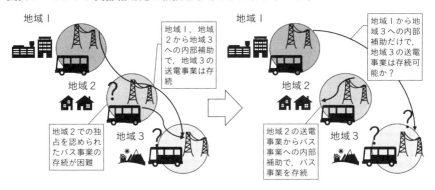

　ここで人口減少のため，地域2と3の地域交通サービスの持続性が危ぶまれる事態が起きたとしましょう。その状況が**図表5－6**の左図で描かれています。ここで，地域2でシュタットベルケのような仕組みを採用したとしましょう。その様子が**図表5－6**の右図で描かれています。その場合，エネルギーサービス事業で生じた黒字で，地域交通サービス事業の赤字を補填することになりますから，地域2の維持可能性は高まります。しかし，これまで地域3のエネルギー事業を支えていた，地域2のエネルギー事業の黒字がユニバーサルサービスのネットワークから離脱することになります。この場合，地域3の維持可能性はこの仕組みを採用しない場合よりも低下するかもしれませんね。

　この場合，一定のポテンシャルのある地域の維持可能性は高まるものの，ポテンシャルの低い地域でのユニバーサルサービスの維持可能性は，かえって低くなるかもしれません。

　不完全競争市場への対応は，前節で述べたような一定の客観的，技術的な対応を用意できます。しかし，その典型的な問題である地域独占の問題は，日本の地域をどこまで，誰の負担で維持するのかという議論と密接不可分です。つまり何らかの価値観の選択を迫られると考えなければなりません。

| Working | 調べてみよう |

　電力市場改革前の電力事業者に関する規制と改革後の規制を調べて，どのような制度改革が行われたかを把握しよう。また電力市場改革の結果，電力市場にどのような変化がもたらされたかについて調べてみよう。

| Discussion | 議論しよう |

　Working の作業を受けて，また日本の人口減少の状況を勘案しながら，ユニバーサルサービスの提供の是非について議論しよう。

| Training | 解いてみよう |

　ある市場が独占市場だとする。その市場の需要曲線が，$P = -X + 100$ であるとする。
  (1) そのときの限界収入（MR）はどのように表されるか答えなさい。
  (2) 限界費用が 10 であるとき，この企業が設定する価格と，その時の供給量を答えなさい。
  (3) 最大化された社会的余剰を求めて，独占によってどれだけの死荷重が発生しているかを答えなさい。
  (4) 死荷重による損失をできるだけ回避するために，どのような公共政策が考えられるかを答えなさい。

▶▶▶さらに学びたい人のために
- 小川光・西森晃 [2022]『公共経済学（第2版）』中央経済社。
- 寺井公子・肥前洋一 [2015]『私たちと公共経済』有斐閣。
- 中川雅之 [2008]『公共経済学と都市政策』日本評論社。

参考文献
- 国土交通政策研究所 [2021]「インフラ・公共サービスの効率的な地域管理に関する研究」。
- 八田達夫 [2008]『ミクロ経済学Ⅰ』東洋経済新報社。

第 **6** 章 公正性，公平性

Learning Points

▶市場メカニズムがもたらす最適な状態とは，どのような意味において最適なのか。

▶「公正性」「公平性」などの価値観に照らして望ましい状態を，どうやって見つけ出すのか。

▶所得再分配のためにどのような公共政策が用いられており，どのような課題があるのか。

Key Words

パレート最適　効率化政策　社会厚生関数　功利主義　ロールズ主義
負の所得税

1 公正性，公平性に関する理論

　これまでに市場の失敗という問題を解説し，それに対応する公共政策に関して議論をしてきました。市場の失敗に対応する公共政策というのは，効率性という面から社会の状態を改善するためのものでした。しかし，社会は効率的であれば，それでいいというわけではないですよね。やはりみなさんは，この社会が公正で公平なものであってほしいと思っているのではないでしょうか。この章では公共政策は，**効率性**以外の価値観をどのように実現しようとしているのかについて解説します。

1.1 市場は何をもたらすのか

　第 1 章で説明したように，市場は社会的余剰を最大にする社会の状態を実

図表 6 − 1 ▶ ▶ ▶ 僕とあなたの所得と効用の関係

所得	0	10	20	30	40	50
あなたの効用	0	55	105	150	190	225
僕の効用	0	40	75	105	130	150

図表 6 − 2 ▶ ▶ ▶ 所得の組み合わせと効用の組み合わせ（社会の総所得 30）

	ケース 1	ケース 2	ケース 3	ケース 4
（あなたの所得，僕の所得）	(0, 30)	(10, 20)	(20, 10)	(30, 0)
（あなたの効用，僕の効用）	(0, 105)	(55, 75)	(105, 40)	(150, 0)

現してくれます。数値例を用いて，第 1 章とは別の仕方で説明してみましょう。ここでは，僕とあなたしかいない社会（二人社会）を考えてみます。

　この小さな社会では Z という合成財が生産されていて，僕とあなたは自らの働きに応じた所得を受け取ります。合成財とは，生活に必要な様々な財やサービスを福袋のようにまとめた，仮想的な財を指します。**図表 6 − 1** では説明の簡単化のため，所得 10 単位ごとにどれだけの効用を感じるかを，あなたと僕に関して記述しています。まず，与えられた資源や技術などの条件から，この二人社会全体で 30 の所得を生み出すことのできる場合を考えます。**図表 6 − 2** には社会が生み出しうる 30 の所得を僕とあなたで分け切った 4 つのケースと，それに対応する僕とあなたの効用の組み合わせが示されています。

　図表 6 − 3 に描かれている**効用可能曲線**とは，**図表 6 − 2** を図にしたものです。つまり社会に存在する資源を可能な限り効率的に使って生産し，それを僕とあなたが消費することで，「到達できる」無数の効用の組み合わせを示しています。この線の内側の状態を実現することは可能ですが，外側の状態は実現できません。このため，効用可能曲線上のすべての点は，どちらかの状態を改善しようとすれば，他方の状態を悪化させなければならないという，「明らかな改善（**パレート改善**）ができない状態」にあります。これを「**パレート最適**」な状態と呼びます。

図表6-3 ▶▶▶ 二人社会の効用可能曲線

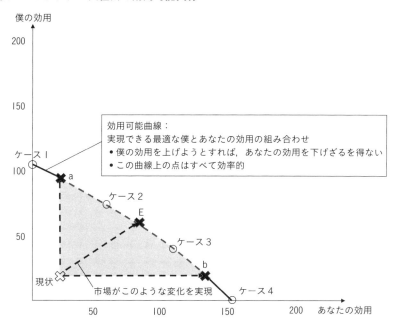

　第1章で述べた,「市場が社会の最適な状態を実現してくれる」というのは, 仮に今「社会の状態が効用可能曲線の内側のいずれかの点にあった」としても, 市場は「社会の状態を効用可能曲線上のいずれかの点にもってきてくれる」ことだと解釈できます。ただし市場での取引は, 家計にしろ, 企業にしろ, 自分自身の自由な決定に基づいて行われます。現状を維持するか改善しない限り, 現状を変更する取引には応じないでしょう。**図表6-3**の現状を表す白抜きの×印の状態から, 点線で囲まれた部分への変更は, すべて, 僕(またはあなた)の効用を現状以上のものにして, 同時にあなた(または僕)の効用を改善する, パレート改善をもたらす変化です。自由な取引によってもたらされる変化は, このようなものに限られます。

　このように市場メカニズムは, その時の資源や技術的な条件の下で, 最も効率的な状態を自然に実現してくれます。しかし実現した僕とあなたの所得分配の状態は, **図表6-3**の(僕とあなたの効用水準に大きな格差のない, バランスのとれていそうな)E点である保証があるでしょうか。実現する私

とあなたの所得分配が「**公正性**」,「**公平性**」の観点から好ましくないと考えられる場合があるかもしれません。例えば**図表6-3**のaやbのような状態はどうでしょう。もしも,現状が好ましくないと判断された場合には,この章で説明する**所得再分配**という公共政策が実施されます。しかし,そもそもaやbのような状態を好ましくないという判断や,それを是正するための公共政策は,誰によって,どのように行われるべきなのでしょうか。

1.2　効率化政策,技術進歩

　さらに,第2章から第5章にかけて,市場メカニズムがうまく機能しない,「市場の失敗」という場合があることも説明しました。このため,様々なタイプの市場の失敗を回避,緩和するための公共政策を説明しました。それらの公共政策によって,社会の総所得が50に拡大したものとしましょう。その場合の僕とあなたの所得と効用の組み合わせが,**図表6-4**と**図表6-5**に描かれています。**図表6-5**に描いているように,効用可能曲線を外側にシフトさせる政策を**効率化政策**と呼びます(八田[2009])。

　しかし,この効率化政策によってもたらされる社会の構成員の所得分配への影響は,パレート改善的なものであることは保証されていません。**図表6-3**で示された,効用可能曲線の内部から効用可能曲線上の点にもってきてくれる市場がもたらす変化は,自由意思に基づく取引によるものでしたから,パレート改善である変化しか起こりません。

　しかし,効率化政策という公共政策に伴う変化は,何らかの強制力を伴って,僕,あなたの状態を変化させます。それがもたらす所得分配の変化は,出発点をE点だと考えた場合,点線で囲まれた状態への変化である,パレー

図表6-4 ▶▶▶所得の組み合わせと効用の組み合わせ(社会の総所得50)

	ケース5	ケース6	ケース7	ケース8	ケース9	ケース10
(あなたの所得,僕の所得)	(0, 50)	(10, 40)	(20, 30)	(30, 20)	(40, 10)	(50, 0)
(あなたの効用,僕の効用)	(0, 150)	(55, 130)	(105, 105)	(150, 75)	(190, 40)	(225, 0)

094

図表6-5 ▶▶▶効率化政策がもたらすもの

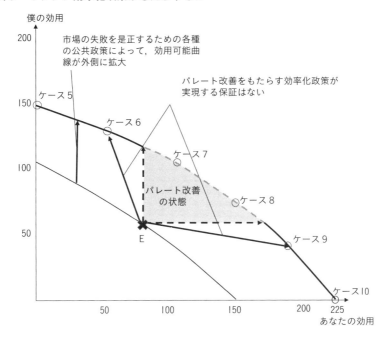

ト改善ではない可能性があります。二人社会のような設定であれば，効率化政策がもたらす社会の構成員間の利害の調整は比較的容易かもしれません。しかし，パレート改善の意味するところが，「社会の構成員の誰1人として，現状よりも悪化しない」変化を意味することを考えれば，構成員が多い社会でそのような変化をもたらすことの困難さは容易に想像できるでしょう。そもそも，明らかなパレート改善ができるのであれば，何らかの強制力を持った公共政策によって実現する必要がありません。当事者間の交渉，取引を通じて，そのような変化は自然に実現することでしょう。

つまり，効用可能曲線を外側にシフトさせる効率化政策は，現状よりも損失を被る社会の構成員を生み出す可能性があると考えるべきでしょう。

このようなケースは，効率化政策によって引き起こされる場合だけではないでしょう。例えば，**技術革新**が進んで，社会全体の生産性は引き上げられたものの，社会の構成員のあるグループは，今までよりも所得が低下したが，

異なるグループの所得は上昇したというのはありそうなことです。

そのような場合，図表6－6に描いたように，僕とあなたの間で所得移転を行うことで，効率化政策や技術革新が生み出した「公正性」，「公平性」の問題を回避したり，緩和することが求められるのでしょうか。このような，「公正性」や「公平性」の観点から，より望ましい状態を社会として選び取り，その状態を実現する手法を，**所得再分配政策**といいます。以下の節では所得再分配政策に関する解説をします。

その時の非常に重要な前提は，「効率化政策と再分配政策は独立して実施することができる」し，「独立して実施すべきだ」というものです。端的にいえば，効率化政策によってもたらされた所得分配を所得再分配政策によって是正することができ，それは当初の効率化政策とは別に行うことができるし，そうすべきであるということを言います。

図表6－6 ▶▶▶所得再分配による効率化政策の補完

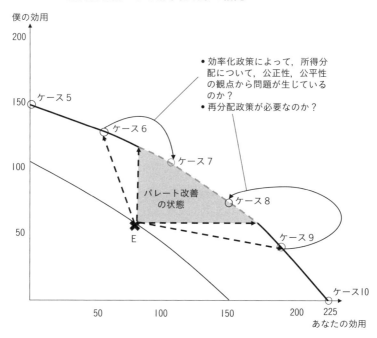

2 / どのようにして所得再分配を実施するのか

2.1 社会厚生関数

　市場が達成する可能性のある状態の中には，**図表6－3**に描かれた僕とあなたが得ている所得に一定の格差がある，a点やb点のような状態が含まれています。また，**図表6－6**のように効率化政策の実施や技術革新によって，従前よりも所得が減少した，あるいは社会の構成員間の格差が広がったケース5，6，9，10のような状態が実現してしまうこともあります。

　国民の間に著しい格差がある場合には，治安の悪化など社会が不安定化したり，その格差が固定されている場合には社会から活力が失われることが指摘されています。しかし，どれほどの格差が問題なのかについて客観的な基準があるわけではありません。問題の有無について何らかの評価を行い，問題があるのであれば，「効用可能曲線上のいずれかの点」を選び出して，それに向かって所得や富の再分配を行うことが求められることになります。その効用可能曲線上の点の選択に関わるのが，**社会厚生関数**です。

　社会厚生関数は何らかの価値観を反映したものですが，重要なのは必ず社会の構成員（二人社会では，僕とあなた）の効用水準を，**社会厚生**（社会全体にとっての望ましさの程度）に反映させているということです。僕とあなたの効用水準と関係のないところで望ましい点が選び出されることはありません。

　ここの部分をもう少し解説しましょう。例えば，ハイジャックされて都市へのテロに使われようとしている飛行機を，軍用機で撃墜することを認めるかと問われたとしましょう。飛行機に乗っている人の効用，都市の住民の効用を考えれば，撃墜することを認めるという結論が出るのではないでしょうか。飛行機に乗っている人の運命は，軍用機の振る舞いにかかわらず決まっている一方で，都市住民の効用は撃墜を認めることで大きく上昇するからです。しかし，「国家はそのようなことをすべきではない」といった「正義」

を判断に入れた場合は，結論が変わってきます。社会にとっての望ましさの評価にあたって，社会厚生関数は，社会の構成員の効用水準とは異なる要素を持ち込むべきではないと考えています。

　社会厚生関数は，背景とする価値観によって様々なものがありえます。しかし，価値観が特定化されれば，社会にとって同程度の望ましさを達成する（あなたの効用水準，僕の効用水準）組み合わせをプロットした，社会的無差別曲線を描くことができます。

2.2　功利主義

　では，ある価値観を社会として選び取ったとき，どうやって特定の効用可能曲線上の点，つまり（あなたの効用，僕の効用）の特定の組み合わせが望ましい，という結論を出すのでしょうか。それを試してみましょう。まず**功利主義**という価値観を取り上げます。

　功利主義的社会厚生関数は，「最大多数の最大幸福」というベンサム（J. Bentham）の考えをベースにしています。僕とあなたの効用が代替可能であり，二人の効用水準の和によって，社会にとっての望ましさである社会厚生水準が決定されるという立場に立っています。W を社会厚生，$U_{あなた}$，$U_{僕}$ をそれぞれあなたと僕の効用水準だとすれば，功利主義的社会厚生関数は，

$$W = U_{あなた} + U_{僕} \quad \rightarrow \quad U_{僕} = -U_{あなた} + W$$

として表すことができます。

　W に何らかの値を与えてやれば，$U_{僕}$ を縦軸，$U_{あなた}$ を横軸にとった**図表6－7**において，**社会的無差別曲線**を傾き -1 の右下がりの直線として表すことができます。社会にとっての望ましさ W の上昇は，社会的無差別曲線の切片の上昇を意味しますから，できるだけ右上方向の社会的無差別曲線上の点が「社会にとってより望ましい」ことを意味します。

　例えば，社会にとっての望ましさ W が100の時の社会厚生関数は，$100 = U_{あなた} + U_{僕}$ で表せます。この式を満たす $U_{あなた}$ と $U_{僕}$ のすべての組み合

図表6−7 ▶▶▶ 功利主義に基づく「望ましい社会の状態」の選択

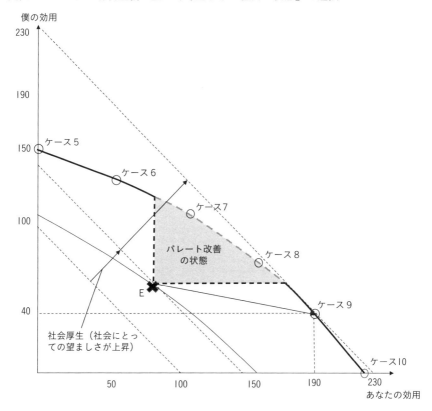

わせが、社会厚生水準が100の社会的無差別曲線になります。図にしやすいように$U_僕 = -U_{あなた} + 100$と変形しましょう。**図表6−7**に描かれている一番下の点線がこれに相当します。Wがより高くなると社会的無差別曲線は、上にシフトすることになります。例えば効用可能曲線がシフトする前のE点を通る社会的無差別曲線は、$W = 100$の社会的無差別曲線よりも右上の位置にあります。

　図表6−7のシフト後の効用可能曲線上の点で社会的に最も望ましいのは、できるだけ右上の位置にある社会的無差別曲線上の点でもある点です。つまり、効用可能曲線と社会的無差別曲線の接点であるケース9（190, 40）が選択されます。つまり、社会厚生関数というある価値観を持って評価

図表 6 − 8 ▶ ▶ ▶ 所得の組み合わせによる社会厚生水準

	ケース5	ケース6	ケース7	ケース8	ケース9	ケース10
（あなたの所得，僕の所得）	(0, 50)	(10, 40)	(20, 30)	(30, 20)	(40, 10)	(50, 0)
（あなたの効用，僕の効用）	(0, 150)	(55, 130)	(105, 105)	(150, 75)	(190, 40)	(225, 0)
社会厚生水準（功利主義）	150	185	210	225	230	225
社会厚生水準（ロールズ主義）	0	55	105	75	40	0

を行った場合，パレート基準ではその良否を判断できないケース9について
も，現状よりは好ましい，さらに言えば効率化政策を講じた後の社会の状態
として，最も望ましい状態という判断が行われることになります。

　例えば何らかの公共政策によって生み出された新しい状態がケース7，ま
たはケース8だとしましょう。社会が「功利主義」という価値観を選択した
のであれば，より好ましい状態であるケース9が存在します。このため，社
会厚生を最大にするケース9に移行するための，何らかの再分配政策が検討
されることになります。一方，実現したものがケース9であれば，この状態
を社会としてそのまま受け入れるということになるでしょう。

　図表6−8第3行においては，あなたの効用水準と僕の効用水準の組み
合わせごとに，功利主義的な社会厚生水準を算出しています。あなたと僕の
間で，10の単位でしか所得のやりとりができない場合は，この図表で，社
会で起こりうるすべての所得分配の状況を描くことができるため，このよう
な簡単な方法がとれます。**図表6−7**と同じ結果が**図表6−8**においても
確認されています。なお，社会的に望ましい状態が，**図表6−8**であなた
への分配が多くなる結論になっているのは，**図表6−1**であなたの方が所
得から効用を得る能力が高く，限界効用が高い設定になっているためです。

　このような状態は，

僕の所得の限界効用＝あなたの所得の限界効用

が成立するときに，もたらされます。どちらかの限界効用が高い場合には，
そちらに再分配を行った方が，全体の効用水準が高くなるからです。一般に，

所得の増加に伴って限界効用は逓減するとされています。このため，

低所得者の所得の限界効用＞高所得者の所得の限界効用

が成立するため，高所得者から低所得者への所得移転が支持されます。

2.3 ロールズ主義

　一方，**ロールズ主義**的社会厚生関数は，全く異なる価値観の下で社会の状態を評価します。つまり，社会で最も恵まれない状態の消費者の効用水準が，社会全体の厚生水準を代表するものと考えるのです。

　どうしてこんなことが言えるのでしょうか。あなたは今，お金を持っていて，社会的な地位もあって…と幸せかもしれません。しかし，そのような今の状態を忘れさせてしまう「**無知のヴェール**」に覆われてしまったという，SF的状態を考えます。そのとき，あなたはどんな社会であったらいいなと思うでしょうか。あなたは「無知のヴェール」をとったら，本当はその社会で最も恵まれない人であるかもしれません。だとすれば，そのような人でも尊厳をもった生活ができる社会であってほしい，と思うのではないでしょうか。最も恵まれない人がどのような状態にあるかによって，社会の望ましさが判断されるというのは，説得力をもってきませんか。

　ここではあなたと僕しか存在しないため，ロールズ主義的社会厚生は，$W = \min\ (U_{あなた},\ U_{僕})$ で表されます。**図表6－8**の最後の行には，あなたと僕の所得の組み合わせごとに，ロールズ主義的な社会厚生水準が示されています。社会の厚生水準を最も高くする所得の組み合わせは，ケース7のあなたの所得が20，僕の所得が30の組み合わせです。

　このことは**図表6－9**においても示すことができます。ロールズ主義の立場に立てば，45度線上の点，つまりあなたの効用水準と僕の効用水準が一致している点を出発点にして，垂直上方に移動（僕の効用水準だけを増加）しても，水平右方向に移動（あなたの効用水準だけを増加）しても，恵まれない方の効用水準は変わらないため，社会の厚生水準は変わりません。

図表6-9 ▶▶▶ロールズ主義に基づく「望ましい社会の状態」

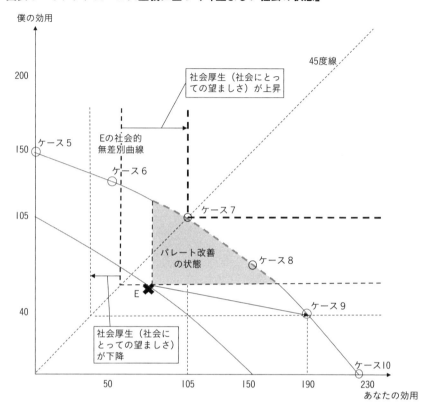

つまり，（あなたの効用水準，僕の効用水準）の（150, 105），（190, 105）…という組み合わせも，（105, 150），（105, 190）…という組み合わせも，すべて（105, 105）と同じ程度の社会的望ましさを示すことになるのです。したがって，ロールズ主義的な社会的無差別曲線は，45度線を通る水平線と垂直線によって示すことができます。効用可能曲線上の点のうち，最も右上の位置の社会的無差別曲線と点を共有しているのは，あなたの所得20，僕の所得30の組み合わせに対応するケース7（105, 105）です。

ここで効率化政策を講じる前のE点から，ケース9への変化をロールズ主義的な社会厚生関数で評価してみましょう。**図表6-9**にあるように，ケース9を通る社会的無差別曲線は，E点を通る社会的無差別曲線の左下に

位置づけられることがわかります。つまり，効率化政策によって効用可能曲線は外側にシフトしたものの，ロールズ主義という価値観に照らしてみると，社会の状態はむしろ悪化していることになります。このような場合は，「効率性」という価値と「公正性」，「公平性」などの別の価値の間で**トレードオフ**が生じている状態だと考えることができるでしょう。この場合は，新しい効用可能曲線上のケース7に到達するように計画された，所得再分配政策が実施されることが求められます。

　市場は，ある制度や技術水準を前提に，パレート最適な社会を実現してくれます。しかし，パレート最適な点が，社会の構成員の大多数が受け入れる何らかの価値観に照らして望ましいかどうかは，何も保証されていません。また，効率化政策，あるいは技術革新などの人々が自由意思で選んだわけではない変化は，時として効率性は上昇させても，「公正性」，「公平性」などの価値観からはむしろ後退したと受け止められる状態を実現してしまうことがあります。この場合，安定的な社会を形成するためには，ある特定の価値観，つまり社会厚生関数の選択を国民が明確に行って，選ばれた効用可能曲線上の点を所得再分配政策によって実現することが求められます。

　それでは私たちは，どのような手段を用いて所得再分配を実施しているのでしょうか。

3　所得再分配の難しさ（負の所得税）

3.1　生活保護＋所得税

　わが国においては，国民の所得に応じて税を徴収する**所得税**が政府の非常に重要な税源となっており，歳入の15.9％（2024年度予算）をこの個人所得税が占めています。この所得税は，所得水準が高まるにつれ，その税率が高くなる**累進構造**をとっており，税収を確保するだけでなく，国民の間の所得再分配を行う機能も担っています。

また，わが国においては，厚生労働大臣が定める基準で測定される最低生活費と収入を比較して，収入が最低生活費に満たない場合に**生活保護**が適用されています。最低生活費とは，「健康で文化的な生活を営むのに必要な経費」であり，居住地，世帯構成，障害の有無などを基に計算されます。例えば，最低生活費が13万円であり，その方が6万円の収入を得ていれば，生活保護費として7万円が支給されることになります。

　このような生活保護のシステムは，2つの大きな問題を抱えていることが知られています。1つは，保護世帯に対して「働く」ことに対する，負のインセンティブを与えてしまうことであり，もう1つは，申請者に不正受給のインセンティブを与えてしまうという点です。

　生活保護は，一定の所得水準以下の者には補助を与えて，基準となる所得水準を超えた場合には，その補助が打ち切られるという仕組みを持っています。また，所得水準を自ら向上させた場合に，生活保護支給がその分減額されます。そのような場合，「福祉に依存した生活を送る方が良い」と考えることは，ある意味合理的なのではないでしょうか。

　図表6－10には，横軸に再分配前の所得が，縦軸には再分配後の所得が描かれています。現在の日本が採用している再分配の仕組みを極めてラフに描けば，以下のようになります。

- 最低生活費を定めて，その水準に到達しない人に対しては最低生活費までの現金給付を行い，

- 最低生活費を超える水準の所得を得ている人から所得税を徴収する

　図表6－10では，現金給付の財源を直接所得税に求めたものとして，その仕組みが実現する再分配後の所得が太い実線で示されています。

　この場合，比較的狭い層に対して様々な審査を行って給付を行う世帯を決定するため，（比較的生活が苦しい）最低生活費を少し超えたような階層においてはむしろ納税義務が生じるというような断絶が生じます。さらに，所得が最低生活費に満たない層においては，所得が増えた場合には，増えた分がそのまま給付額から減額されてしまいます。このことは100％の所得税が課税されていることと同じ効果を生みます。このため，これらの層は働いて

図表 6 − 10 ▶▶▶ 現金給付と所得税による再分配

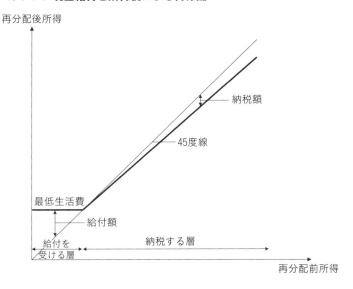

所得を増やすインセンティブを失うことになります。一方、納税する側は税率が低く、比較的少ない納税額で済んでいるという特徴を持ちます。

3.2 負の所得税

特に、給付を受ける側から働くインセンティブを奪ってしまうことに着目して、**負の所得税**という提案が行われています。これは**図表 6 − 11** に示されているように、同じ最低生活費のレベルを出発点に、太い実線で描かれているような再分配後の所得を保障しようとする提案です。この場合、**図表 6 − 10** と異なり、給付を受ける層においても太い実線は正の傾きを持っています。

つまり、給付を受ける層において「再分配前の所得」が増加した場合でも「再分配後の所得」が増加していますので、働くインセンティブが削がれる心配はありません。最低生活費を少し超えたような層においても、所得の上昇に伴って給付額は徐々に減っていきますが、一定の給付を受けることができます。ただし、中高所得層においては明らかに納税額が大きくなっていま

図表 6 − 11 ▶▶▶ 負の所得税による再分配

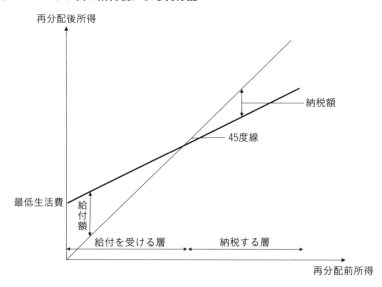

す。最低生活費以下の層に対する 100％の所得税率を減額するために，中高所得層の所得税率を上げているということですね。これらの層に対する働くインセンティブの影響を心配する指摘もあります。しかし，諸外国では**給付付き税額控除**として実際に採用されている仕組みです。

3.3 現物支給

　低所得者への給付は，生活保護のような現金によって行われるものばかりではありません。住宅，医療，教育など，低所得者が特定の財・サービスを消費する場合に限って支給されるタイプの補助が，先進諸国間で広く実施されています。

　このような「特定財・サービスによる補助」を通じた所得再分配（以下，**現物支給**といいます）は，一般的には効率性の悪い政策と受け止められています。「自分に最も必要なことは自分が一番よく知っている」ということを前提とした**消費者主権**の立場からは，現金を給付して，実際に何を消費する

のかについては，消費者に判断をしてもらうべきだと考えるのが当然でしょう。

　しかし，現物支給については，いくつかの点で存在理由があるとする主張も行われています。その1つは，家計の財・サービスの消費の中身についても，個人の選択を超えて社会として実現すべき選択がありうるという主張です。これは**パターナリズム**，家父長主義と呼ばれます。子どもの判断ではなく，親の判断を優先するように，自分自身の判断よりも誰かの判断を優先する場合があることを是とする考え方です。実際には，最低居住水準などの基準を設けて，国民に一定水準以上の住宅消費を確保しようとする試み，特定の薬物禁止，シートベルトの義務化などに反映されています。

　個々の消費者の選択を超えて，公共部門の判断により消費の中身が決定されることを正当化する議論は，簡単には行えません。しかし，「支給された現金をギャンブルに使ってしまう」というような行動は，その財源を負担する納税者は簡単には認められないでしょう。給付を受ける側の消費者主権に一定の枠をはめる議論にも，理由があります。

　また，現物支給が不正申告の問題を緩和しているという指摘もあります。多くの財・サービスの中には，所得が上昇してもかえってその財に対する需要が減る，「所得弾力性が負の財」（**劣等財**）が存在します。そのような財を用いて補助を行った場合，自らの所得をごまかしてまで再分配を獲得しようとするインセンティブを生じさせません。例えば住宅を用いた現物支給では，新築住宅ではなく既存の空き家を用いることがあります。

　支給を受ける側は，もちろん自分の所得や資産を把握していますから，給付を受ける資格があるかどうかを熟知しています。しかし，政府の側は申請者の申告が本当なのかを判断する能力が，十分にはありません。これは第4章で議論した情報が非対称な状態です。このような場合，自分の所得をごまかして給付申請をするインセンティブを，できるだけ小さくする必要があります。現金支給でしたら，申請者は（本当はお金持ちであっても）いくらでも欲しいですよね。一方「それほど質の高くない」住宅を，うそをついてまで給付されようとするでしょうか。さきほど述べたような所得弾力性が負の

財の現物支給の意義は，このような点に見出すことができるかもしれません。

Working　　　　　　　　　　　　　　調べてみよう

　日本の所得格差の動きについて時系列的に比較してみよう。**一般的な所得格差だけではなく，性別，年齢別，地域別，学歴別など，様々な属性に注目してその格差の程度について調べてみよう。**

Discussion　　　　　　　　　　　　　議論しよう

　Working の成果を受けて，それぞれの所得格差に対応すると考えられる公共政策を対象に，労働のインセンティブに与える影響，対象の識別性など，政策の効率性について議論してみよう。

Training　　　　　　　　　　　　　　解いてみよう

　僕とあなたによって構成されている二人社会で，図表6－4のケース5を出発点に，僕から20，40の所得移転を行った場合を考えよう。このとき，移転先の消費者の勤労の意欲を阻害するため，所得移転の半分が失われるものとする。功利主義的な社会厚生関数を前提とした場合と，ロールズ主義的な社会厚生関数を前提とした場合で，どのような所得移転を僕とあなたで行うことが，社会厚生を最大化するかを答えなさい。

▶▶▶さらに学びたい人のために

● 小川光・西森晃［2022］『公共経済学（第2版）』中央経済社。
● 寺井公子・肥前洋一［2015］『私たちと公共経済』有斐閣。
● 中川雅之［2008］『公共経済学と都市政策』日本評論社。
● 中川雅之［2022］『財政学への招待』新世社。

参考文献
● 八田達夫［2009］『ミクロ経済学Ⅱ』東洋経済新報社。

第 **II** 部

政治的な決定

第7章

投票による集団的意思決定

第8章

間接民主制

第9章

集団的意思決定を支える市民

第10章

集団的意思決定を支える様々なプレイヤー

第 **7** 章 | 投票による
集団的意思決定

第Ⅱ部●政治的な決定

Learning Points

▶集団的意思決定とはどのような場合に必要とされるのか。
▶最適な集団的意思決定は存在するのか。
▶コンドルセ投票はどのような決定をもたらし，どのような長所，短所があるのか。
▶他の投票方法はどのような決定をもたらし，どのような長所，短所があるのか。

Key Words

アローの一般不可能性定理　コンドルセ投票　中位投票者定理
ボルダ投票

　第Ⅰ部では経済学は，公共政策のアジェンダの設定やその対応について，価値観に関する判断が入る所得再分配に関する決定を除けば，ある程度客観的，技術的に決めることができると考えていることを解説しました。しかし，現実の公共政策の決定を記述できているかというと，公共政策に携わっている方，その決定過程をよくご存じの方は首をかしげるのではないでしょうか。公共政策の決定過程は，ルーティーンを除けば，すべて第1章でふれた「政策の窓」モデルのように，政治的なプロセスを含む複雑な過程で決定されているように見えます。それでは，経済学の理論と実際はなぜ異なるのでしょうか。

　理由の1つは，客観的に「市場の失敗」が存在しているとしても，人々が「問題」として認識しなければ，公共政策の対象にはならないことが挙げられます。例えば長い間，「地球温暖化」問題によって，私たち自身が被害を受けていることも，将来世代が，取返しがつかないような被害を受けることも認識されていませんでした。「客観的に存在」していても，「それを解決し

110

なければならない問題」として拾い上げるプロセスが必要になります。

もう1つは，市場の失敗への対応は，「やらなければならないこと」かもしれませんが，公共政策としてその対応に投入できる政策資源は限られているため，公共政策は優先順位を決めて行わざるを得ません。本書は，「市場の失敗が社会にもたらしている死荷重などを計測して」，技術的に優先順位を決めて公共政策を行うべきだとする立場に立ちます。

しかし，現実には効率化政策が改善する社会的余剰の程度を判定することは，必ずしも容易ではありません。例えば，第Ⅲ部で紹介する費用便益分析などの技術は，特定の公共財の優先順位を決めようとするものです。しかし，費用便益分析で，異なる種類の公共財間の優先順位を決めることは非常に困難です。

さらにより重要な問題として，第6章で議論した「効率化政策と再分配政策は独立して実施することができるし，そうすべきだ」ということを，国民に信頼してもらえていないのではないかということです。これまでの議論のように，効率化政策は社会の構成員の所得分配を変えます。その積み重ねられた所得分配の変化はお互いに相殺しあって，大きな問題を生じさせないという非常に楽観的な見方もありますが，そのような見方の妥当性が証明されたことはありません。

だとすれば，効率化政策の結果として生じた「社会として問題とすべき」格差を，再分配政策で是正する必要があります。しかし，分配の問題をすべてまとめて解決するという姿勢は，信頼をもって受け止められているでしょうか。むしろ，個々の効率化政策がもたらす利害得失，つまり分配の変化が，その効率化政策の是非を決定してしまっています。そのような現状は，「効率化政策と再分配政策は独立して実施することができるし，そうすべきだという」という大前提に対する「信頼性のなさ」を強く示唆しています。

「最適な」社会の状態を実現するための，客観的，技術的な公共政策の決定ができないのだとすれば，我々はゲーム的な状況で，ランダムな事象に影響されながら決定せざるを得ない（ように見える）政治的なプロセスの特質を，理解するところからスタートしなければなりません。その上で，「より

ましな」公共政策決定を行うために，我々は何ができるかを考えてみる必要
があります。

1 集団的意思決定に関する理論

本章では，市場のように家計や企業が自身のことだけを考えて，自らに関
して行う決定を扱うのではなく，自分と他人で構成される社会が全体として
行う**集団的意思決定**に関する理論を紹介します。

1.1 集団的な意思決定を行わなければならないもの

市場が資源配分については，「自然に」最適な状態をもたらしてくれるか
らこそ，公共政策の領域を市場の失敗に限ることができました。しかし，

　①市場で行われる自由な取引や，その自由な取引を支える所有権などに関
　　する基本的なルール

は，社会全体で決める必要があります。

一方で第2章から第6章までに解説した，市場の失敗を是正するための公
共政策は，規制，税制，補助金，公共財の供給などの手段を用いたものでし
た。これらを実施するためには，①の基本的なルールの下で社会の構成員に
保障された自由を制限したり，所得を取り上げたりする必要があります。こ
のため，

　②市場の失敗を是正するために，どの程度①の社会の基本的ルールに変更
　　を加えるのか

についても，社会全体で決める必要があります。さらに第6章で解説した，
社会の「公正性」や「公平性」を実現するために，どのような所得再分配を
行うのかは，

　③市場メカニズムで実現された結果に対して，「どのような価値観」から，
　　どの程度の修正を加えるのか

ということですから，これについても社会全体で決める必要があります。

このように公共政策の企画立案，執行にあたっては集団的な意思決定が不可欠です。

1.2 みんなが合意できる集団的意思決定の手法とは

日本では，国会議員である国務大臣に率いられているものの，国家公務員試験に合格して各省庁に配属される官僚によって，多くの政策が決定されていると言われています。しかし，公共政策は予算の裏付けがない限り，それを実行することができないものがほとんどです。また財源的な裏付けが必ずしも必要がないルールの設定，規制なども，法律という政策形式をとる必要があります。そして，予算も法律も選挙で選ばれた議会の承認がなければ執行することができません。そのような意味において，民主主義国家と呼ばれる社会においては，**投票**という手段が，集団的意思決定に大きな役割を果たしていることがわかります。

一方，世界では，民主主義国家と呼ばれる社会のみが存在しているわけではありません。権威主義国家と呼ばれる社会では，巨大な権力をもった個人，あるいは政党が集団的意思決定を実質的に行っています。

このように様々な集団的意思決定手法が理論的に考えられ，現に存在している中で，社会にとって望ましい集団的意思決定の手法とは，どんなものなのでしょうか。

1.2.1 集団的意思決定が満たすべき性質

多様な集団的意思決定の方法があると言っても，「どんなものであっても，その社会が選択すればいい」というものでもないでしょう。最低限満たすべき何らかの基準がありそうです。

アロー（K. J. Arrow）は，多くの人が合意できる「集団的意思決定が備えるべき性質」を設定して，「それらを満たす集団的意思決定手法が，そもそもあるのか？」について議論しました。抽象度が高い議論なので，ここで

はごく簡単に紹介します。

アローは，集団的意思決定は，5つの基本的な性質を満たすべきだとしました。ここでは，A，B，Cという3つの選択肢を想定して，その中から社会がどれかを選択する場面を考えます。

満たすべき性質1：推移性

これはAがBよりも好まれ，BがCよりも好まれるのであれば，AはCよりも好まれなければならないということです。

個人でこの推移性を満たさない選好を持っている人がいるとすれば，その方は3つの選択肢について順番がつけられないことになります。グー，チョキ，パーのどれが一番強いかを決められないのと一緒です。同様に，ある集団的意思決定手法を用いた場合，その結果が推移性を満たさないのであれば，社会は選択肢に順番をつけることができないことになります。

満たすべき性質2：選好の非限定性

3つの選択肢についてどんな順番をつけた人であっても，集団的意思決定に参加することができるという性質です。この選好の非限定性が満たされないのであれば，権力を持っている人たちに都合のよい意見を持った人たちだけで，意思決定を行ってもいいことになります。

満たすべき性質3：パレート性

全員がAをBよりも好んでいるのであれば，社会全体の意思決定としてもAはBに優先されるということです。この条件が満たされない集団的意思決定の方法であっても構わない，という人はいないのではないでしょうか。

満たすべき性質4：独立性

これは，無関係な選択肢Cの存在や評価は，AとBの選好に影響を与えないという性質です。町中華に飛び込んで，メニューをみたら味噌ラーメン(A)，醤油ラーメン(B)が目に飛び込んできたので，「味噌ラーメン(A)」と注文します。しかし，壁に「特製塩ラーメン(C)」と書いているのを見て，「やっぱり醤油ラーメン(B)」と注文しなおすという，いかにも変なことを排除しようとする性質ですから，当たり前のように思います。

集団的意思決定において，このようなことがあるとすれば，社会全体の決

定は非常に不安定なものになってしまいます。

満たすべき性質5：非独裁性

社会を構成する人の選好が全く反映されることがなく，常にある特定の人の選好が社会の選好として選ばれる集団的意思決定の方法は，我々は受け入れられないのではないでしょうか。

1.2.2 アローの一般不可能性定理

このような非常に緩やかと思える基準を，同時に満たす集団的意思決定手法が存在するのかということを，アローは数理的に厳密に検討しました。そして「この5つを同時に満たす集団的意思決定方法は存在しない」ことを導き出しています。これは，しごくまっとうな性質1から4をすべて同時に満たすのは，独裁制しかないという結論と読み替えることもできます。

このように，非常に悲観的な結果ではありますが，最善な手段がないからこそ，何かをあきらめながらも社会の成員が納得できる集団的意思決定手法を，社会は模索し続けているのでしょう。

以降は様々な投票手法を紹介して，それがアローが提示した基本的な性質の何を満たさないかを検討していきます。

2 / 様々な投票方法（直接民主制）

私たちが生きる民主主義国家では，投票という仕組みに多くを依拠した集団的意思決定を行っています。一方，多様な投票方法が存在します。完全な集団的意思決定の仕組みがないとしても，どんなやり方が「よりましな」性質を持っているかを知ることは重要でしょう。これまでに提案されてきた，様々な投票方法が，どんな特徴を持っているかについて解説します。

2.1 コンドルセ投票

2.1.1 コンドルセ投票とは

　私たちの社会は選挙，つまり投票で代議員を選び，その代議員が構成する議会で公共政策の決定が行われます。しかし，投票という集団的意思決定手法の特質を際立たせるために，投票で公共政策そのものの決定を行う**直接民主制**を前提とした議論を行います。

　このような直接民主制は先進国では，日常的に行われるものではありません。ただし，非常に重要な政策を決める場面で用いられる場合があります。2016年に英国の欧州連合（EU）からの離脱を国民投票で決定したブレグジットが有名ですね。ここでは，公共財の供給量を決定する場合を考えることとしましょう。公共政策の例として公共財の供給量を取り上げたのは，投票がもたらした結果を，社会的余剰という側面から評価しようとしているためです。

　図表7－1には，社会を構成するA，B，中川，C，Dの公共財に関する限界効用が，需要曲線として描かれています。政府は公共財の費用を調達しなければなりません。このため，公共財の単位当たりの費用負担（例えば，道路1km整備するのに1人当たりどれだけの税負担が求められるか）（限界費用）も，**図表7－1**に水平線で描かれています。さらに**図表7－1**の上方には，それぞれが最も好む公共財の供給量が示されています。これを**至福点**といいます。

　ところで，なぜAはG_A，BはG_Bという至福点を持つのでしょうか。1つのグラフに5人の需要曲線を重ねて描きましたが，5人はそれぞれの需要曲線と限界費用曲線が交わる量の公共財を供給されることで，消費者余剰が最大になります。例えばCはG_cの公共財を消費することで，最大の消費者余剰（**図表7－1**の灰色の網掛け部分）を実現できることがわかります。

　ここで，公共財供給量の2つの候補が掲げられて，それを投票にかけたとしましょう。例えば「$G_{中川}$ vs G_B」の投票をみてみましょう。Cはどちら

図表 7 − 1 ▶▶▶ 5人の社会で公共財の需要量を表明させた場合

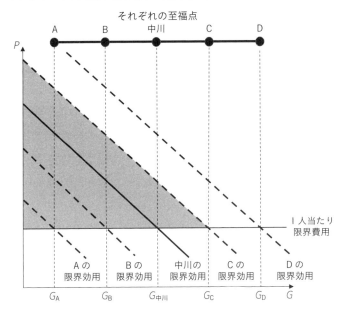

図表 7 − 2 ▶▶▶ コンドルセ投票の結果

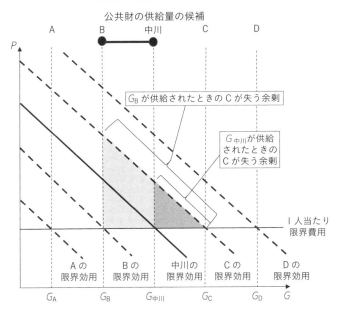

に入れるでしょうか。Ｃは自分が表明したG_Cを消費できるのであれば，**図表７－１**の濃い灰色の網掛け部分の消費者余剰を得ることができます。しかし，投票にかけられているG_B，$G_{中川}$ともに，彼にとって理想的な公共財供給量に比べれば過少ですから，G_Bが供給されたときは，**図表７－２**の薄い灰色の網掛け部分，$G_{中川}$が供給された場合は濃い灰色の網掛け部分の消費者余剰が失われます。しかし，相対的に失う余剰が少ないのは$G_{中川}$ですから，Ｃは$G_{中川}$に投票します。Ｄも同じように$G_{中川}$に投票しますので，$G_{中川}$は，中川，Ｃ，Ｄの３票を得て勝ちます。

「$G_{中川}$ vs G_A」の場合も同じことが言えます。つまり$G_{中川}$はその供給量よりも少ないすべての対立候補との投票で勝ちます。

それでは「$G_{中川}$ vs G_C」「$G_{中川}$ vs G_D」のように，$G_{中川}$よりも供給量の多い対立候補との投票ではどうでしょうか。ＡとＢは，供給される公共財の量と自分の至福点が離れれば離れるほど，多くの消費者余剰を失います。このため，$G_{中川}$はその供給量よりも多いすべての対立候補との投票で，中川，Ａ，Ｂの３票を得て勝ちます。つまり$G_{中川}$は他のどの候補にも負けない選択肢です。

このような投票方法を**コンドルセ投票**といいます。候補として挙げられている公共財の供給量の任意の２つの組み合わせについて，総当たりの一騎打ちを行わせて，「他のどの候補にも負けなかった候補」を最終的に選びます。選ばれた候補を**コンドルセ勝者**と呼びます。コンドルセ勝者とは，「他のどの候補と比べても過半数の人に好まれている」ことを意味しますから，そのような集団的意思決定方法はほとんどの方によって，受け入れられるのではないでしょうか。一方，実際にこのような投票方法で実際の集団的意思決定をするためには，時間も手間も膨大なものとなります。コンドルセ投票は，これから行う様々な投票方法の評価の基準を提供してくれる，一種の思考実験としてとらえてください。

2.1.2 中位投票者定理

社会の構成員の至福点をすべて，総当たり戦で投票にかけると，$G_{中川}$が

必ず勝つことを，図表７－２でみました。では，$G_{中川}$とはどんな候補なのでしょうか。社会の構成員の至福点を小さいものから並べた場合，ちょうど真ん中に位置することがわかります。このような点を中位点といい，中川を中位投票者といいます。コンドルセ投票を行うことで，中位投票者の推す選択肢が選ばれることを**中位投票者定理**といいます。

もう一度確かめてみましょう。すべての至福点の総当たり戦は，いかにも非現実的ですから，選択肢をしぼって，投票者を増やしてみてみましょう。A，B，B'，中川，C'，C，Dの７人で構成される社会を考えます。そして，政府が提案する公共財の供給量の選択肢はG_B，$G_{中川}$，G_Cである場合を考えましょう（図表７－３）。その場合の市民の選好順位は図表７－３の下表のようになります。なぜこのような選好順位になるのかについては，図表７

図表７－３ ▶▶▶ 中位投票者定理

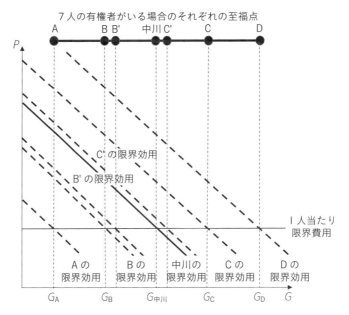

	有権者A	有権者B	有権者B'	中川	有権者C'	有権者C	有権者D
第１位	G_B	G_B	G_B	$G_{中川}$	$G_{中川}$	G_C	G_C
第２位	$G_{中川}$	$G_{中川}$	$G_{中川}$	G_B	G_C	$G_{中川}$	$G_{中川}$
第３位	G_C	G_C	G_C	G_C	G_B	G_B	G_B

－２のやり方を使って，みなさんが直接考えてみてください。そして**図表７－２**の手順でコンドルセ投票の結果を導き出してください。**図表７－３**のケースにおいても中位投票者定理が成立することがわかります。

2.1.3 コンドルセパラドックス

しかし，コンドルセ投票では集団的意思決定を行えない場合があります。それはどのような場合なのでしょうか。例えば**図表７－３**の有権者の選好順位を，以下の**図表７－４**のように変えてみましょう。変化した選好順位を濃い灰色の網掛けで示しています。このような選好は，第１順位が最も小さな公共財の供給量で，第２順位が最も大きな公共財の供給量ということですから，これまでの図表で示したような公共財の需要曲線では，このような選好順位の変化は起こりません。しかし，公共財の量だけではなく，その内容，例えば道路であればそのルートが道路の延長によって異なる場合や，市民の効用が特殊なものである場合などにこのような順位の選好があり得ます。

まず G_B vs $G_{中川}$ では，有権者 A，B，B' が G_B に，有権者中川，C'，C，D が $G_{中川}$ に投票するため，$G_{中川}$ が勝ちます。次に，$G_{中川}$ vs G_C では，有権者 A，中川，C' が $G_{中川}$ に，有権者 B，B'，C，D が G_C に投票するため，G_C が勝ちます。それでは最後に G_B vs G_C の投票を行います。有権者 A，B，B'，中川が G_B に，有権者 C'，C，D が G_C に投票するため，G_B が勝ちます。つまりジャンケンと同じで，どれが最も強いかを決めることができません。このような場合は，コンドルセ投票では集団的な意思決定を行うことができません。

図表７－５の左図は，**図表７－３**の各有権者の選好順位をグラフ化した

図表７－４ ▶ ▶ ▶ **変更された選好順位**

	有権者 A	有権者 B	有権者 B'	中川	有権者 C'	有権者 C	有権者 D
第 1 位	G_B	G_B	G_B	$G_{中川}$	$G_{中川}$	G_C	G_C
第 2 位	$G_{中川}$	G_C	G_C	G_B	G_C	$G_{中川}$	$G_{中川}$
第 3 位	G_C	$G_{中川}$	$G_{中川}$	G_C	G_B	G_B	G_B

図表7−5 ▶▶▶ 様々な公共財に対する選好

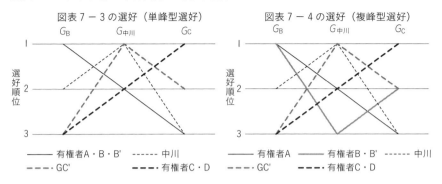

ものです。この場合，コンドルセ勝者を選ぶことができたことを思い出してください。**図表7−5**の左図は各有権者の選好順位が，至福点を頂点にそれから遠ざかるにつれて，選好順位が下がるようになっているため，山の峰が1つであるような軌跡を描いていることがわかります。このような選好を**単峰型選好**といいます。

一方，右図は**図表7−4**の各有権者の選好順位をグラフ化したものです。この場合，コンドルセ勝者を選ぶことができなかったことを思い出してください。右図からわかるように，至福点を頂点にそれから遠ざかるにつれて選好順位が下がらない有権者がいます。有権者B，B'の選好順位は山の峰が複数あるような軌跡を描いています。このような**複峰型選好**と呼ばれる選好を有する有権者がいる場合には，集団の意思決定ができない「**コンドルセパラドックス**」と呼ばれる現象が起こることが知られています。

つまり，コンドルセ投票は複峰型選好の有権者がいては機能しないため，アローが示した集団的決定手法が満たすべき性質2の，選好の非限定性を満たさないことがわかります。

2.2 相対多数決

このようにコンドルセ投票は良い性質を備えているものの，コンドルセパラドックスのような，そもそも集団的意思決定を行えないような場合がある

ことがわかりました。

次に，日本で現実に使われている投票方法を検討してみましょう。現実に用いられているのは，「選択肢の総当たり戦を行わない」多数決ですね。そのような多数決には絶対多数決と**相対多数決**というものがあります。

絶対多数決は，最も多くの票を集めた選択肢に決定されます。しかし，過半数の票を集めることが条件になるため，そのような選択肢がない場合には何も決定されません。

一方，相対多数決は一番多くの有権者の票を集めた選択肢が選ばれます。その選択肢を好む有権者が過半数に達するか否かは問われません。このため，相対多数決では何も決定されないという事態を回避することができます。もしコンドルセ勝者が存在する場合に，それが選ばれるのであれば，非常に良い性質をもった決定方法だということができるでしょう。それを確かめてみましょう。G_B，$G_{中川}$，G_C を対象に相対多数決を行ってみます。

図表7－6のような選好を有権者が持っている場合には，相対多数決で選ばれるのは G_B です。このような選好順位を有権者がもっている場合の，コンドルセ勝者はどの選択肢でしょうか。まず G_B vs $G_{中川}$ では，有権者A，B，B' が G_B に，有権者中川，C'，C，D が $G_{中川}$ に投票するため，$G_{中川}$ が勝ちます。次に，$G_{中川}$ vs G_C では，有権者A，B，B'，中川，C' が $G_{中川}$ に，有権者C，D が G_C に投票するため，$G_{中川}$ が勝ちます。つまり $G_{中川}$ がコンドルセ勝者になります。このように相対多数決はコンドルセ勝者がいる場合でも，それを選ぶことができない場合があります。

実は，相対多数決の問題点はもっと深刻です。コンドルセ勝者は決まっていますが，コンドルセ投票を続けてみましょう。まず G_B vs G_C では，有権

図表7－6 ▶▶▶相対多数決の検証

	有権者A	有権者B	有権者B'	中川	有権者C'	有権者C	有権者D
第1位	G_B	G_B	G_B	$G_{中川}$	$G_{中川}$	G_C	G_C
第2位	$G_{中川}$	$G_{中川}$	$G_{中川}$	G_C	G_C	$G_{中川}$	$G_{中川}$
第3位	G_C	G_C	G_C	G_B	G_B	G_B	G_B

者 A，B，B' が G_B に，有権者中川，C'，C，D が G_C に投票するため，G_C が勝ちます。つまり G_B は，「他のどの候補と比べても過半数の人に好まれない」選択肢であることがわかります。このような選択肢を**コンドルセ敗者**といいます。相対多数決はコンドルセ敗者を選んでしまう可能性がある，大きな問題を抱えた手法だということがわかります。

なぜこのようなことが起こってしまうのでしょうか。それは，相対多数決が有権者の選好順位の1番目の情報しか活用していないというところにあります。

2.3 ボルダ投票

有権者の選好順位に関する情報を，すべて活用する投票方法として**ボルダ投票**があります。ボルダ投票では第1順位の選択肢には2点，第2順位の選択肢には1点，第3順位には0点をつけて，その合計点で集団的意思決定を行います。この投票方法は，公的な選挙などでは非常に稀にしか使われていませんが，民間企業や様々なグループの意思決定では用いられる機会のある方法です。例えば**図表7－6**を再度みてみましょう。このような有権者の選好の下では，G_B は $2×3＝6$ 点，$G_{中川}$ は $2×2＋1×5＝9$ 点，G_C は $2×2＋1×2＝6$ 点を獲得するため，$G_{中川}$ が選ばれます。このようにボルダ投票ではコンドルセ勝者を選ぶことに成功します。

しかし，このようなことが常に保証されているわけではありません。例えば**図表7－6**から，有権者 C と有権者 D が何らかの事情で投票に参加しなくなった場合を考えてみましょう。有権者の選好順位は**図表7－7**のとおりです。この場合のコンドルセ勝者は G_B です。しかしボルダ投票では，G_B は $2×3＝6$ 点，$G_{中川}$ は $2×2＋1×3＝7$ 点，G_C は $1×2＝2$ 点を獲得するため，$G_{中川}$ が選ばれます。つまり，この場合ボルダ投票はコンドルセ勝者を選ぶのに失敗します。

さらに**図表7－7**の有権者 A，B，B' の G_C の選好が変わって，**図表7－8**のような選好順位となったものとしましょう。これらの有権者におい

123

図表 7 - 7 ▶▶▶ ボルダ投票の検証 1

	有権者 A	有権者 B	有権者 B'	中川	有権者 C'
第 1 位	G_B	G_B	G_B	$G_{中川}$	$G_{中川}$
第 2 位	$G_{中川}$	$G_{中川}$	$G_{中川}$	G_C	G_C
第 3 位	G_C	G_C	G_C	G_B	G_B

図表 7 - 8 ▶▶▶ ボルダ投票の検証 2

	有権者 A	有権者 B	有権者 B'	中川	$G_C{}'$
第 1 位	G_B	G_B	G_B	$G_{中川}$	$G_{中川}$
第 2 位	G_C	G_C	G_C	G_C	G_C
第 3 位	$G_{中川}$	$G_{中川}$	$G_{中川}$	G_B	G_B

ても，G_B と $G_{中川}$ の順位は**図表 7 - 6** と変わらないため，アローの集団的意思決定方法が満たすべき性質 4 の独立性を満たすのであれば，ボルダ投票の結果も変わらず，$G_{中川}$ が G_B よりも好まれるはずです。しかし，ボルダ投票では，G_B は $2 \times 3 = 6$ 点を獲得し，$G_{中川}$ は $2 \times 2 = 4$ 点しか獲得できないため，G_B と $G_{中川}$ に関する選好順位が，関係のない G_C に対する選好が変化したことで変わってしまいます。

　このように，非独裁性を満たす様々な投票方法の提案が行われていますが，そのいずれもが，アローが挙げた満たすべき 4 つの性質を満たすことができません。つまり集団的意思決定方法の選択とは，社会の意思決定にあたって望ましい性質のいずれをあきらめるのかという選択であることがわかります。

3 / 社会的余剰を最大にする集団的意思決定

　第 I 部では公共政策が必要な根拠を，公共経済学のロジックに求めました。そのロジックは社会的余剰を最大にするために，公共政策が存在するというものでした。

この章の第2節では、アローが示した集団的意思決定が備えるべき性質に照らして、民主主義的な手続きの根幹である投票の評価を行いました。その評価の基準は、コンドルセ勝者のような社会の構成員にとって合意できる選択肢を選ぶことができるかという点や、論理的に整合的な決定ができるかという点に重点が置かれていました。

　この節では公共政策の存在理由に立ち戻って、社会的余剰を最大にする結果をもたらす集団的意思決定手法とは、どんなものなのかについて考えてみましょう。

　第2節では、様々な集団的意思決定の手法には一長一短あり「みんなが合意できる」（とまで言える）手法はないことが示されました。しかし、決定することができるのであれば、「他のどの選択肢よりも過半数の者に好まれている」という、「みんなが合意しやすい」だろう候補に決定できるコンドルセ投票を用いてみましょう。

　図表7－9のような（図表7－1、7－2で用いたものと同一の）公共財

図表7－9 ▶▶▶コンドルセ投票の結果の評価

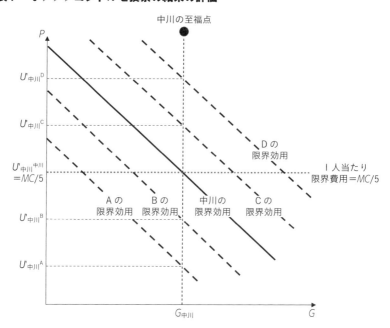

の需要関数を持っている A，B，中川，C，D で構成されている社会で，コンドルセ投票で公共財の供給量を決めます。その際は **2.1** と同様，市民の至福点のすべてを選択肢としたコンドルセ投票を行います。その場合，中位投票者定理から $G_{中川}$ が選ばれます。なお，ここでは 1 人当たりの限界費用を，公共財供給の限界費用を頭割りしたもの，つまり $MC/5$ としています。

$U'_{中川}{}^{i}$ を選ばれた $G_{中川}$ に対して i が感じる限界効用だとします（**図表7－9**）。もし，中川の限界効用が 5 人の限界効用の平均になっていたら，つまり

$$U'_{中川}{}^{中川} = (U'_{中川}{}^{A} + U'_{中川}{}^{B} + U'_{中川}{}^{中川} + U'_{中川}{}^{C} + U'_{中川}{}^{D})/5$$

が成立していれば，選ばれた $G_{中川}$ では，1 人当たり限界費用 $= MC/5 = U'_{中川}{}^{中川}$ が成立していますから，

$$U'_{中川}{}^{A} + U'_{中川}{}^{B} + U'_{中川}{}^{中川} + U'_{中川}{}^{C} + U'_{中川}{}^{D} = MC$$

が成立します。つまり，第 3 章で解説した社会的余剰を最大にする**サミュエルソン条件**が成立します。このような状況は公共財に対する限界便益の分布が一様分布であったり，正規分布であったりする場合に成立します。

　公共財の供給だけではなく，第 2 章のコースの定理の部分で解説した企業の汚染物質の排出量の許容レベルについて，コンドルセ投票で決定するものとしてみましょう。この場合についても同様のことが言えます。

　このように社会の構成員の選好がある特殊なタイプのものである場合には，コンドルセ投票が社会的余剰の最大化を実現します。しかしこのことは何も保障されていません。

　さらに，1 人の人だけが非常に大きな損失を被り，しかも他の人の便益の合計を凌駕するような公共政策であった場合に，1 人 1 票ですから，社会的余剰は負であってもそれが実施されてしまう場合も考えられます。このようなケースに対処するためには，**票の売買**が認められる必要があります。非常に大きな損失を被る人が，その損失の範囲内で他の人の票を買った場合でも，その人には便益が残ることになりますので，票の買収によってその公共政策

の実施を阻止することができます。しかし，社会がそれに同意することは非常に難しいのではないでしょうか。

このように直接投票で公共政策の選択をする場合，社会的余剰を最大にする集団的意思決定方法はない，またはまだ見つかっていないという状況にあります。つまり，この章の第2節で議論したような，欠点を抱えたものと認識しながら，「みんなが合意できる集団的意思決定の手法」と考えられるものを社会で選び取るしかありません。

Working　　　　　　　　　　　　　　　　　　　　　　　調べてみよう

図表7－3の社会の構成員の選好を与えられた時，政府が提示した選択肢の選好順位が図表7－3の下表のとおりであること，コンドルセ投票を行った場合に，コンドルセ勝者が存在し，その選択肢が選ばれることを確認してみよう。

Discussion　　　　　　　　　　　　　　　　　　　　　　議論しよう

自分の住んでいる地域への何らかの公共財の供給量水準を決めるという設定で，本章で示された投票方法のいずれが好ましいかについて議論してみよう。

Training　　　　　　　　　　　　　　　　　　　　　　　解いてみよう

1．公共財の供給水準に関する住民の選好の分布が正規分布だとする。この場合に，コンドルセ投票，相対多数決投票で決定された供給量水準はサミュエルソン条件を満たすことを説明しなさい。

2．第2章のコースの定理で，企業側に公害を排出する権利がない場合に，住民が受け入れる健康被害の水準を，コンドルセ投票，相対多数決で決めるとする。住民の選好が一様分布である場合に，最適な水準が選ばれることを説明しなさい。

▶▶▶さらに学びたい人のために

● 浅古泰史［2016］『政治の数理分析入門』木鐸社。

● 井堀利宏・土居丈朗［1998］『日本政治の経済分析』木鐸社。

● 小林良彰［1988］『公共選択』東京大学出版会。

● 寺井公子・肥前洋一［2015］『私たちと公共経済』有斐閣。

● 中川雅之［2008］『公共経済学と都市政策』日本評論社。

● 中川雅之［2022］『財政学への招待』新世社。

第 **8** 章 間接民主制

Learning Points

▶間接民主制の長所と短所は何か。
▶政策空間が1次元の場合，政党間競争はどのような公共政策を実現するのか。
▶政策空間が多次元の場合，政党間競争はどのような公共政策を実現するのか。
▶年齢による投票率の差，地域の1票の格差の存在は社会的余剰に何をもたらすのか。

Key Words

ホテリング・ダウンズモデル　政策空間　平均投票者定理
オストロゴルスキーのパラドックス

　前章においては集団的意思決定の仕組みとして，課題ごとに投票を行う直接民主制を前提に議論をしてきました。たしかにスイスでは，国民が憲法改正の発議ができたり，憲法改正や，連邦議会が審議した法律について100日以内に5万人の署名を集めた場合には，それを直接国民投票にかけることになっています。しかし，このような制度を持っている国は稀です。ほとんどの国は国民が代議員を選んで，代議員によって構成される議会での議論を経て公共政策が決定される，**間接民主制**を採用しています。

　なぜこのような間接民主制が採用されているかについては，

● 公共政策の決定にかかわる有権者の数が膨大で，多様な選好を持っている場合，それらの有権者の意見集約を投票で行うことは非常に困難であり，社会にとって好ましいと考えられる選択肢を探索してくれる，代議員，政党を選ぶ仕組みの方がいい

● 公共政策の対象となる課題は数多くあり，その課題ごとに投票を行った

129

場合に非常に大きなコストが発生するため，代議員，政党を**エージェン
ト**として，多くの課題に対する公共政策を審議，決定してもらった方が
いい

という理由が考えられるでしょう。

　指摘した問題のうち前者は，有権者が膨大でその意見集約にコストがかか
るということが問題の本質です。この章ではまず，取り組むべき課題が1つ
である場合，政権獲得を目指す政党がどのように振る舞うのかを解説します。
このような場合を，**政策空間が1次元**であるといいます。

　次に後者の問題を扱います。この問題の本質は，取り組むべき課題が複数
あることです。これを，**政策空間が多次元**であるといいます。このような場
合に，エージェントとしての政党がどのように振る舞うのか，その振る舞い
は社会にとってどのような意味を持つのかを議論します。

　そして最後に，代議員を選出する選挙制度が集団的意思決定にどのような
影響を及ぼすのかについて議論します。

1 間接民主制の理論（政策空間が1次元の場合）

　政策課題が1つしかない場合，例えば前章で議論した公共財の供給量を決
定する場合などは，政策空間が1次元である場合の典型例です。政策課題が
2つあってもそれがお互いに関連していて，実質上選択肢を1つに絞ること
ができる場合，例えば消費税の税率と財政再建のレベルの選択のように，選
択肢を直線上に並べることができる場合も，1次元の政策空間と解すること
ができます。

　このような場合は，政党選挙においても前章で議論した中位投票者定理が
成立することが知られています。以下では，**ホテリング・ダウンズモデル**と
呼ばれる**政党間競争**を扱ったモデルによって解説します。

　前章では，**図表7－2**で示された公共財の需要関数を持っている5人（A，
B，中川，C，D）で構成されている社会において，コンドルセ投票で公共

130

財の供給量を直接決める場合の解説を行いました。具体的には，市民の至福点のすべてを選択肢としたコンドルセ投票を行うケースを取り上げました。例えばG_B vs $G_{中川}$の投票ではCが$G_{中川}$に投票することが，**図表7－2**で示されています。これと同じ理由で，Dも$G_{中川}$に投票するので，$G_{中川}$が投票で勝利します。その他のすべての候補について，同じことが言えますので，中位投票者定理から$G_{中川}$が選ばれることが確認されました。

この章では，2つの政党（政党1，政党2）が公共財供給量に関してマニフェストを掲げて選挙戦を戦うものとしましょう。どちらの政党も政権党となるためには，この選挙で過半数を獲得する必要があります。この場合，ある政党が$G_{中川}$以外の公共財量をマニフェストに掲げた場合，ライバル政党が$G_{中川}$を公約として掲げれば，ライバルの政党は必ず過半数以上の得票を獲得することができます。つまり，政権を獲得するためには，お互いに$G_{中川}$を公約として掲げる必要が生じるため，2大政党の選挙公約はお互いに非常に似通ったものとなります。

図表7－2 ▶▶▶コンドルセ投票の結果（再掲）

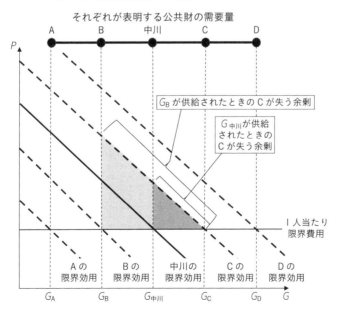

膨大で多様な国民の選好がある場合，コンドルセ投票のような仕組みで直接公共財供給量を決定するためには，非常に大きなコストがかかります。しかし，間接民主制で政党を選択する場合には，政権獲得を目指す政党が中位投票者の選好を探索して，それをマニフェストに掲げる動機が生じます。このため，直接投票と同じ結果を，相対的に低いコストで得ることが可能です。つまり，中位の国民の選好が選択され政策が執行されることになります。

　この選択は，前章の直接投票で述べたように，有権者の選好が特定の分布の場合には社会余剰を最大にします。

　またこのように，政党に公共政策の決定と執行を委任した場合には，もう1つの問題が生じます。第4章ではあまり議論しませんでしたが，情報の非対称性に関わる問題です。選挙を通じて，選んだ国民は**プリンシパル**，選ばれた政党は**エージェント**と呼ばれます。この場合，プリンシパルはマニフェストに掲げられた公共政策の決定，執行をエージェントとしての政党に委任している関係にあります。

　エージェントがその委任に誠実に応えたか，努力を重ねたのかを，プリンシパルは把握できるでしょうか。仕事の内容によって，客観的にわかるものもあれば，わからないものもあるかもしれません。公共財の供給量など客観的にわかりやすい指標でエージェントの努力水準を測定できるものと，「景気をよくします」といったマニフェストのように，それが守れなかった場合が，エージェントの努力不足によるものなのか，エージェントの努力ではどうしようもないマクロ経済へのショックによるものなのかが，識別できないものもあります。

　この場合，エージェントは自分が誠実に努力を重ねたかを知っていますが，プリンシパルはそれを知ることができないという情報の非対称性が発生します。この場合，エージェントは誠実な努力を怠ってもそれをプリンシパルにとがめられることがないので，十分な努力を行わないという動機が発生します。このことを，**プリンシパル・エージェント問題**といいます。

2 間接民主制の理論（政策空間が多次元の場合）

2.1 均衡の不存在

改めて政策空間が多次元であるとは，どういうことかを最初に考えてみましょう。直感的に予想できるように，公共政策が解決すべき課題がたくさんあって，それを同時に決定しなければならないことを意味します。

これまで前章からのつながりから，公共財の供給量を例にとってきましたが，これ以降の説明は，わかりやすさを重視して，地域への所得再分配を例に取り上げます。例えば，地域Aの再分配量だけが問題になっていて，それを決めなければならないケースにおいては，前節の1次元政策空間の議論がそのまま当てはまります。

それでは地域Aと地域Bという2つの地域が存在して，両方を拘束する予算制約がある場合を考えてみましょう。ここでは100の予算しか使えない場合を想定します。このような場合は，地域Aと地域Bの再分配量を同時に決定しなければならないため，公共政策が解決しなければならない課題が複数あるように見えます。しかし，このケースは図表8－1に示すように，選択肢を直線上に記述することができます。図表8－1では（地域Aへの再分配量，地域Bへの再分配量）として選択肢を描いています。地域Aの有権者は地域Aへの再分配量にしか関心がなく，地域Bの有権者はその逆だとすれば，図表8－1のA_0が地域Aの住民の至福点で，B_0が地域Bの

図表8－1 ▶▶▶地域Aと地域Bへの再分配量を同時に決めるケース

注：括弧は（地域Aの再分配量，地域Bへの再分配量）。

住民の至福点となります。この場合，地域 A の有権者が地域 B の有権者よりも 1 人でも多ければ A_0 が中位点となり，逆であれば B_0 が中位点となり，それを公約として掲げた政党が選挙で勝利します。

このように政策空間が 1 次元の場合，「誰もその状態を動かせない」という意味での均衡が存在します。これはとても重要なことです。投票で決定される選択肢というものが，どういうものかを予め予想でき，それがどのような性格を持つ選択肢かということを把握できれば，その決定が市民や国民にとって良いものなのか，課題を持つものなのかを評価することができます。

しかし，地域 A，地域 B，地域 C が存在し，100 の予算制約の下で，同時に地域への再分配量を決定しなければならないとしましょう。この場合，公共政策の選択肢は，図表 8 − 2 の三角形の網掛けをした範囲となります。

図表では（地域 A への再分配量，地域 B への再分配量，地域 C への再分配量）として記述しています。この場合，地域 A の有権者の至福点は A_0，地域 B の有権者の至福点は B_0，地域 C の有権者の至福点は C_0 となります。ここでは 3 つの地域に同数の有権者がいるものとしましょう。この場合選挙

図表 8 − 2 ▶▶▶ 地域 A，B，C への再分配量を同時に決めるケース

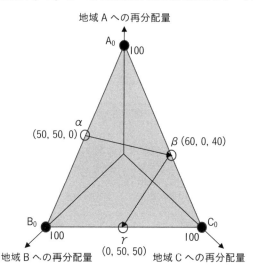

注：括弧は（地域 A の再分配量，地域 B の再分配量，地域 C の再分配量）。

で勝とうとする政党は，3分の2の得票を得ようとします。

まず政党1が α点（50, 50, 0）の再分配を公約に掲げたとしましょう。この場合，地域Aと地域Bの有権者からの得票を期待することができます。しかし，ライバルの政党2は β点（60, 0, 40）の公約を掲げるとどうなるでしょう。地域A，地域Cの有権者にとってはより魅力的な選択肢であるため，政党2が選挙で勝利することが期待されます。しかし，これをみた政党1は公約を γ点（0, 50, 50）に変更することで，地域B，地域Cにとってより魅力的な公約を掲げることができます。

このように政策空間が多次元である場合，いずれかの政党が何らかの公約を掲げても，それを必ず打ち破る選択肢を提示することができます。つまり，政策空間が1次元である場合のように，有権者が単峰型選好を有しているのであれば，必ずコンドルセ勝者となる中位点のような選択肢が存在しないのです。その状態を誰も動かせないという意味での均衡が存在しないのです。

2.2 確率的投票モデル

このような均衡の存在が保証されない状況は，投票の結果を予想することもできずに，それを評価することもできない世界を意味します。これは政党間やその支持者たちが行うゲーム的なやりとりや，ランダムな要素が大きく結果を左右する公共政策の決定過程を示唆します。

しかし，この問題は投票者の選好に関して不確実性がある世界を前提とした，確率的投票モデルによって一定の解決ができます。この確率的投票モデルの解説は本書のレベルを超えているため，結果とその含意を簡単に解説するにとどめます。より詳しく学習したい方は，浅古［2016］を参照してください。

確率的投票モデルでは，投票者は，自地域への再分配量についてだけでなく，各政党のイデオロギーや他の政策に対する好みをもっており，それを政党は確率的にしか把握できないという世界を前提としています。**図表8－2**のように，政党1と政党2が選挙戦を戦っているものとしましょう。この場

合，各政党は各地域への再分配をマニフェストで謳っても，**図表8－2**の場合のように確定的に各地域からの得票を予想することはできません。

争点となっている公共政策以外の好みを，政党に対するバイアスと呼びましょう。このバイアスは，地域によってばらつき方が異なり，地域 i のばらつきは Φ_i によって示されるものとします。このバイアスは $-\frac{1}{2\Phi_i}$ から $\frac{1}{2\Phi_i}$ まで一様分布しているものとします。Φ_i が高いことは，バイアスのばらつきが小さく，地域の意見の統一度が高いことを示します。

図表8－3では，横軸にこの政党への好みのバイアスが効用単位でとられています。原点から左方向に政党1が選好され，右方向に政党2が選好されることが示されています。このバイアスは左右対称ですので，もしも政党1と政党2の再分配政策が同じであれば，どちらの政党も地域 i の $\frac{1}{2}$ の得票率が得られることが予想されます。**図表8－3**では $\Phi_i=1$ である場合が描かれていますが，政党1は政党2よりもこの地域への再分配を増やすことによって，**図表8－3**の灰色部分の得票率を増やすことができます。

ここで，地域 i の1人当たりの所得を Y_i とし，t_i^1 を政党1が約束した地域 i への再分配水準としましょう。この時，地域 i の住民は政党1のマニフェストに書かれた再分配から，$U(Y_i+t_i^1)$ の効用を得ることになります。t_i^2 を政党2の再分配水準とすれば，政党1が上乗せできる得票率は，$\Phi_i(U(Y_i+t_i^1)-U(Y_i+t_i^2))$ で表すことができます。

ここで**図表8－2**のように，地域A，B，Cに人口が $\frac{1}{3}$ ずつ分布しており，

図表8－3 ▶▶▶政党への好みのバイアス

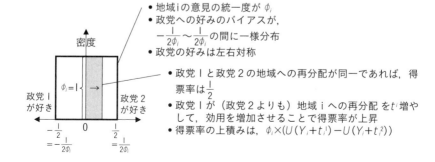

政党1と政党2がそれぞれの地域への再分配水準をめぐって選挙を戦う場合を考えてみましょう。この時，地域 A，B，C の政党への好みのバイアスのばらつきが異なっているものとします。具体的には**図表8－4**のように，地域 A，地域 B，地域 C の順に意見の統一度が高くなるように設定されています。

この時，政党1は政党2と同じ政策を講じた場合には，政党の好みのバイアスが左右対称ですから，それぞれの地域の $\frac{1}{2}$ の得票率を得ることになります。これにどれだけ上乗せできるかが勝負の分かれ目になります。**図表8－4**に描かれた，各地域の人口を勘案した，$\frac{1}{3}\varPhi_i(U(Y_i + t_i^1) - U(Y_i + t_i^2))$ の合計を最大にするように，政党1は再分配水準を決定することになります。しかし，政党1は政党2の再分配水準を操作することはできませんので，$\frac{1}{3}\varPhi_i(U(Y_i + t_i^1))$ の合計を最大化することになります。これは地域1〜3の平均投票者の効用を最大化していることを意味します。それは政党2

図表8－4 ▶ ▶ ▶ 平均投票者定理

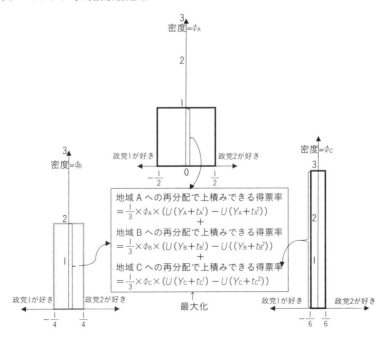

にとっても同じです。

平均投票者の効用を最大化するためには，どのような再分配を行えばいいのでしょうか。ここで，$\Phi_i U'(Y_i + t_i^1)$を**限界得票率**，つまり政党1が1円多くの再分配を地域iに対して行った場合に，地域iで増えることが期待される得票率を示すものとしましょう。例えば**図表8－5**の左図のように，政党1の現在の再分配は地域Aの限界得票率が，他の地域の限界得票率を上回っているような状況を考えましょう。この場合には，政党1は他の地域への再分配を削って，地域Aへの再分配を増やすことが最適な戦略になります。

その場合に政党がとる戦略とは，

地域Aの限界得票率＝地域Bの限界得票率＝地域Cの限界得票率　　(1)

となる再分配を行うこととなります。この**平均投票者定理**と呼ばれるものは，多次元政策空間という，より現実的な空間での公共政策の決定に関する見通しをよくするものですが，同時に現実の投票制度に関する様々な問題を提起するものです。この点は次節でより詳細に議論します。

図表8－5 ▶▶▶ 政党がとる最適な再分配

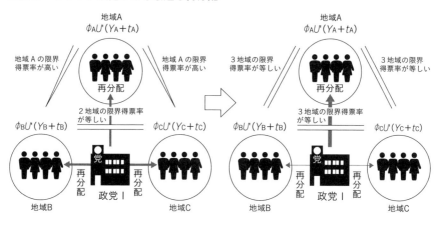

3 / 間接民主制の課題

そもそも政策課題が非常に多く存在する場合には，それを直接投票によっていちいち選択していくということは現実的な制度としては考えにくいですよね。間接民主制とは，ある意味で集団的な意思決定の取引費用を節約するためにやむを得ないものとして，受け止めるべきかもしれません。しかし，政党間競争に基づく間接民主制がもたらす決定に関して，もう少し具体的な課題をみてみましょう。

3.1 オストロゴルスキーのパラドックス

地域 A，B，C への子育て支援に関する公共財の配分に関して，政党 1，政党 2 がそれぞれマニフェストを掲げて選挙を行ったケースを考えましょう。有権者を 4 つのグループに分けて，その公約に対する選好が**図表 8 － 6**に描かれています。

例えば政党 1 の公約とは，すべての地域で子育て支援策を充実し，その財源を増税で賄うというもので，政党 2 の公約はすべての地域で財政再建を進め，子育て支援などを行わないというものだとします。この公約は，地域ごとの子育て支援策の是非という形で 3 つの政策課題に分解することができます。仮に，3 つに分解された政策課題ごとに投票を行ったとしてみましょう。その時は，**図表 8 － 6**の第 2 列から第 4 列に灰色の網掛けで示されている

図表 8 － 6 ▶▶▶オストロゴルスキーのパラドックス

	地域 A の子育て支援	地域 B の子育て支援	地域 C の子育て支援	政党選択
地域 A の子育て世代以外（20%）	政党 1	政党 2	政党 2	政党 2
地域 B の子育て世代以外（20%）	政党 2	政党 1	政党 2	政党 2
地域 C の子育て世代以外（20%）	政党 2	政党 2	政党 1	政党 2
全国の子育て世代（40%）	政党 1	政党 1	政党 1	政党 1

139

層の票を政党1が得ることになります。つまり，すべての地域で政党1の公約が支持されて，子育て支援策を行うという選択肢が選択されます。

しかし，政策課題別の投票ではなく，どちらの政党を選ぶかという選挙を行った場合にはどうなるでしょう。ここでは，有権者は提示された3つの政策課題の多くで，支持できる公約を掲げている政党に投票するものとします。その結果が**図表8－6**の第5列で示されています。灰色で網掛けをしているように，政党2が60％の得票を得て勝利します。

つまり政策課題別に投票した場合には，すべての課題で選ばれないはずの政策が，政党選択選挙では選ばれてしまうことになります。これを**オストロゴルスキーのパラドックス**といいます。このように政党選択に基づく間接民主制は，多くの政策課題に関する取引費用を節約する有効な手段である一方で，政党選択は商品の併せ販売のような側面を持つため，それがもたらす結果が有権者にとって好ましいものであることは保障されない側面があります。

そのような意味において，間接民主制は住民投票や国民投票などによって適正に補完されなければならないものと考えるべきでしょう。

3.2 社会的余剰による評価

多次元政策空間で競合する政党が採用する地域への再分配は，各地域への限界得票率を一致させる組み合わせでした。これを社会的余剰の観点から評価してみましょう。(1)式は以下のように定式化できます。

$$\Phi_i U_i{}'(Y_i + t_i^1) = \lambda \tag{2}$$

(2)式は政党1の振る舞いを描いていますが，政党2も同じように振る舞います。

この場合，地域の意見の統一度を示す Φ_i が集団的意思決定の結果に何をもたらすかをみていきましょう。ここでは地域Aと地域Bに対する再分配を例として考えます。2地域への再分配水準の決定は，1次元の政策空間で表現することができるため，あまり正確ではありませんが，わかりやすさの

ためにこの事例で説明します。

図表8-7では社会全体の所得水準の合計が横軸にとられており、原点から右方向に地域Aの住民の所得水準が、横軸の右端から左方向に地域Bの住民の所得水準がとられています。ここで再分配前は、地域Aの住民の所得水準はY_A、地域Bの住民の所得水準はY_Bとして描かれています。地域Aと地域Bの$Φ_i$に差がない場合は、(2)式に従い、地域Aと地域Bの住

図表8-7 ▶▶▶地域Aと地域Bへの再分配前の状態

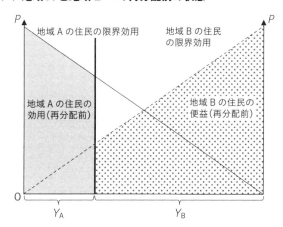

図表8-8 ▶▶▶地域Aと地域Bへの再分配後の状態

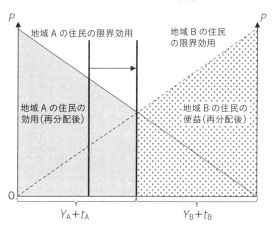

民の限界効用が一致するような政策の組み合わせを政党は提案するため，**図表8-8**のような状態が実現します。この場合，地域Aと地域Bを合わせた社会全体の社会的余剰が最大化されています。

このように平均投票者定理は，第6章で説明した功利主義的社会厚生関数から評価した場合の社会厚生（この場合，地域Aと地域Bの住民の効用の合計）の最大化と両立します。

次に $\Phi_A < \Phi_B$ の場合を考えます。地域Aについて，例えば投票率が低い，または制度として1票の価値が低いため（当選につながるという意味での）得票率の上昇に結び付きにくいなどの特徴をもつグループだとしてみましょう。その場合に選挙を通じて集団的に決定された政策の組み合わせは，社会的余剰という観点からどのように評価できるのでしょう。

図表8-9にあるように，そのような場合，選挙の際に，「得票に結び付く」という意味で政党に認識される地域Aの住民の限界効用曲線は，下にシフトしたものになります。このため，政党に認識される地域Aの住民の限界効用と地域Bの住民の限界効用が一致する再分配水準は0または非常に過小なものとなります。この場合，**図表8-9**の黒い網掛けで示された，厚生上の損失，死荷重が生じます。

図表8-9 ▶▶▶選挙制度，投票率などがもたらすゆがみ

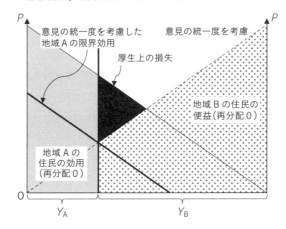

3.3 ▰ 現実の選挙制度のゆがみ

3.3.1 ▰ 世代別の投票率の格差

　これまでの説明は，地域間の再分配を例としていましたが，これは年齢などのある属性を持つグループとして読み替えることができます。年齢別にこの集団的意思決定への参加の度合いは，大きく異なることがわかっています。**図表 8 − 10** には衆議院議員総選挙における年齢別の投票率の推移が描かれています。これをみると，若い世代の投票率は，いずれの選挙においても他の世代に比べて低く，しかもその差が拡大してきていることがわかります。例えば衆議院総選挙における 20 歳代の投票率は全体の投票率に比べ，1970年代は 10 ポイントほど低かったものが，現在は 20 ポイントほどの差になっていることがわかります。

　それでは，若者の投票率が低いことは何をもたらすのでしょうか。もともと少子高齢化が進む日本では，20 歳代の人口比率は 11％にすぎません。一方，60 歳代の人口比率は 15.0％，70 歳以上の人口比率は 26.6％にのぼります。これに，**図表 8 − 10** で示された年代別投票率をかけて，年代別の投票比率を求めてみましょう。その結果，20 歳代は 7.4％，60 歳代は 18.6％，

図表 8 − 10 ▶ ▶ ▶ 衆議院総選挙における年齢別投票率の推移

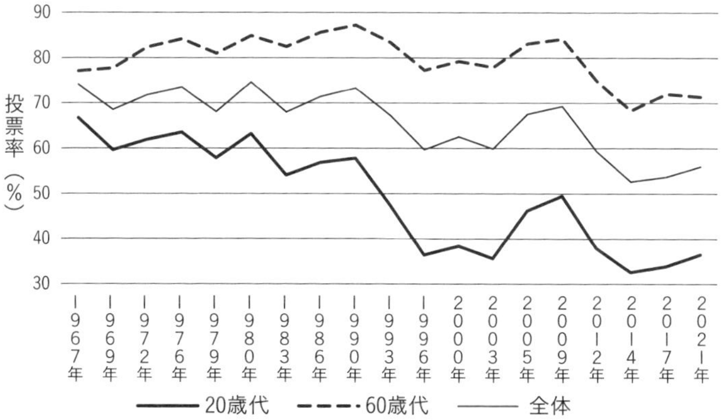

出所：総務省資料（https://www.soumu.go.jp/main_content/000255967.pdf）より筆者作成。

70歳代以上は28.6％に上ります。投票が集団的意思決定に関する発言力だと考えれば，若い世代の発言力は高齢世代の1/4〜1/3程度しか発揮されていないように見えます。しかし，それは自ら選んだことです。このような投票率の格差は，若い世代向けの公共政策が過少なものとなりがちであることを示唆します。

3.3.2　1票の格差

投票の価値は選挙区に割り当てられた議員定数によって，選挙区の有権者数と選出される議員の数の比によって定まります。実際にこれまで国会議員1人が代表する有権者数について，選挙区間で格差があることが指摘されてきました。図表8－11は都道府県ごとに選挙区を置いている参議院選挙についてみたものです。2015年にこの選挙区の定員が定まる前には，最も多

図表8－11 ▶▶▶ 都道府県ごとの定数（参議院）

出所：総務省資料（https://www.soumu.go.jp/senkyo/senkyo_s/naruhodo/naruhodo03.html）より。

図表 8－12 ▶▶▶ 第19回参議院議員通常選挙の都道府県別投票率

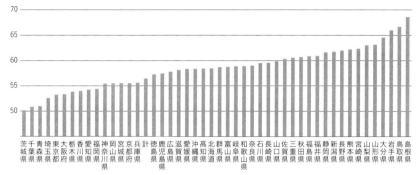

出所：総務省資料（https://www.soumu.go.jp/senkyo/senkyo_s/data/sangiin19/sangiin19_2_3.html）より筆者作成。

い北海道の議員1人当たり登録者数は，最も少ない鳥取県のおよそ4.8倍でした。この状態は憲法が規定する「法の下の平等」に違反するとして，定数の是正が行われました。それでも大きな格差がいまだに存在します。

さらに，**図表8－12**は第19回参議院議員通常選挙の際の都道府県別投票率を低い順に並べたものです。居住する地域をグループとしてみると，大都市圏と呼ばれる地域の投票率が一般的に低いようです。このことは大都市圏を対象とした政策が過少なものとなる可能性を示唆しています。

| Working | 調べてみよう |

　過去を振り返って，政党勢力が2大政党制に近かった時代と，そうではない時代の政党のマニフェストを比較して，ホテリング・ダウンズモデルの予測を検証してみよう。

| Discussion | 議論しよう |

　地域間の再分配水準で説明された平均投票者定理の含意を，現実の産業別または世代別の財政・金融上の支援に置き換えて，どのような結果が予想され，それは社会的余剰に何をもたらすかについて議論してみよう。

| Training | 解いてみよう |

1．2大政党制を念頭において説明されたホテリング・ダウンズモデルは，多党制において同じ含意をもたらすのかを検討してみなさい。
2．平均投票者定理から，あるグループへの公共財の配分，再分配の水準が過少になる可能性が予測できる事例を探しなさい。

▶▶▶さらに学びたい人のために ───────────

●井堀利宏・土居丈朗 [1998]『日本政治の経済分析』木鐸社。
●小林良彰 [1988]『公共選択』東京大学出版会。
●寺井公子・肥前洋一 [2015]『私たちと公共経済』有斐閣。
●中川雅之 [2008]『公共経済学と都市政策』日本評論社。
●中川雅之 [2022]『財政学への招待』新世社。

参考文献
●浅古泰史 [2016]『政治の数理分析入門』木鐸社。
●山口洋 [2014]「オストロゴルスキー・パラドクス再考」『佛教大学社会学部論集』第58号，83-104頁。

第 **9** 章 ┃ **集団的意思決定を支える市民**

Learning Points

▶市民はなぜ投票するのか。若い世代の投票率が低いのはなぜか。

▶戦略的投票とは何か。そして集団的意思決定の結果に何をもたらすのか。

▶なぜ市民は立候補するのか。

▶実際に立候補して当選を果たした，首長のパーソナリティにどんな特徴がみられるか。

Key Words

誠実投票　戦略的投票　ギバート・サタスウェイトの定理
市民候補者モデル

　集団的意思決定に関して，これまでに投票，間接民主制という仕組みに関する解説を行ってきました。第9章と第10章はその仕組みを支えるプレイヤーについて解説します。この章では，間接民主制という集団的意思決定手法は，市民からの立候補，市民の投票という行動によって支えられていることに注目します。そして，このような民主主義を支える市民行動について議論します。

1 ／ 市民と投票

1.1 ／ 有権者はなぜ投票するのか

　第8章で示したように，投票率は年々低下傾向にあります。特に若い世代の低下傾向が甚だしいです。しかし，そもそもなぜ市民は投票を行うのでしょうか。市民は以下のような(1)式が成立する際に投票を行うとされてい

147

ます。

$$P \times B - C + D \geq 0 \tag{1}$$

　ここで P は有権者が選挙結果を左右する投票者となる確率，B は選挙結果を自分が望むような形で変えることができた場合の便益，C は投票のコスト，D は投票を行うことに対する義務的，道徳的な価値です。

　P の確率は，限りなく 0 に近いと考えるのが妥当でしょう。それにもかかわらず，一定の投票率が確保されているのは，D が大きな役割を果たしているのかもしれません。Feddersen and Sandroni［2006］では，"sense of civic duty" の重要性が主張されています。「社会意識に関する世論調査」（令和 6 年）（内閣府）では，「問 4．あなたは，日頃，社会の一員として，何か社会のために役立ちたいと思っていますか。それとも，あまりそのようなことは考えていませんか。（○は 1 つ）」という問いがあります。図表 9 － 1 から 60％ もの回答者が社会に対する貢献意識を持っていることは，低下し

図表 9 － 1 ▶▶▶ 社会に対する貢献意識

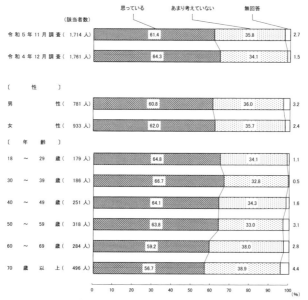

出所：「社会意識に関する世論調査」（令和 6 年）（内閣府）（https://survey.gov-online.go.jp/r05/r05-shakai/）より。

ているとはいえ一定の投票率が維持されていることを支えているのかもしれませんね。

　一方，若い世代の投票率が低いことは，どのような理由によるのでしょうか。もちろん，若い世代の方が，遊んだり，仕事が忙しかったり時間価値が高いために，C が大きいという側面は十分にあるでしょう。図表９－１が社会に対する貢献意識をある程度示しているとすれば，D については，むしろ若い世代の方が高い傾向にあります。ここで，P に注目してみましょう。額面どおり「選挙結果を左右する投票者となる確率」として解釈しなくても，自分の投票が何らかの形で政府の行動に影響を与えると考える場合には，投票を行う確率は高くなるのではないでしょうか。

　図表９－２は同じく内閣府の世論調査のうち，「問 15. あなたは，全般的

図表９－２ ▶ ▶ ▶ 政策への国民の意見や考えの反映

	該当者数	かなり反映されている	ある程度反映されている	無回答	あまり反映されていない	ほとんど反映されていない
令和5年11月調査	1,714人	21.4	49.6 (1.1 / 1.8)		26.1	
令和4年12月調査	1,761人	24.4	52.0 (2.2 / 1.9)		19.5	
〔性〕						
男性	781人	21.9	48.0 (1.0 / 1.3)		27.8	
女性	933人	21.0	50.9 (1.1 / 2.3)		24.8	
〔年齢〕						
18～29歳	179人	16.2	44.7 (1.1 / 1.1)		36.9	
30～39歳	186人	10.2	43.0		46.8	
40～49歳	251人	16.7	47.0 (0.4 / 0.4)		35.5	
50～59歳	318人	18.6	51.3 (0.6 / 1.3)		28.3	
60～69歳	284人	19.7	57.0 (0.4 / 1.1)		21.8	
70歳以上	496人	32.7	49.8 (2.4 / 4.2)		10.9	

反映されている（小計）22.5　　　反映されていない（小計）75.7

出所：「社会意識に関する世論調査」（令和6年）（内閣府）（https://survey.gov-online.go.jp/r05/r05-shakai/）より。

149

にみて，国の政策に国民の考えや意見がどの程度反映されていると思います
か。（○は１つ）」に関する回答です。世代別に非常に大きな差があり，若い
世代，特に30歳代の回答者の肯定的な回答率が非常に低くなっています。
このような意識が若い世代を投票から遠ざけているのでしょう。さらに，前
章で議論したように，そのことにより，ますます若い世代向けの政策が採用
されないことになるため，悪循環をもたらしている可能性があります。

1.2 有権者はどのような投票を行うのか

　これまでの議論では，有権者は提示された選択肢に関して，自分の選好順
位に従って投票を行うことが前提となっていました。そのような投票の方法
は，**誠実投票**と呼ばれます。しかし，そのような投票が行われている保証は
ありません。ご自身で思いあたることが，あるのではないでしょうか。

　例えば，日本で普通に用いられている相対多数決を考えましょう。相対多
数決とは自分の最も選好順位の高い候補に投票し，最も得票数の多い候補を
当選させるルールです。その場合，自分が最も好ましいと思う候補に投票し
たとしても，その候補が当選しそうにないとしたら，自分の票は**死票**になっ
てしまいます。投票自体にコストがかかっているのですから，自分の効用を
少しでも高めるために，自分の１票を当選しそうにない最も選好順位の高い
候補ではなく，当選しそうなマシな候補に投票することは十分に考えられる
ことでしょう。自分の投票が結果にどのように影響するかを考えて，選好順
位とは異なる投票を行うことを**戦略的投票**といいます。

　それでは戦略的投票がどんな場合に起こって，どのような結果をもたらす
かを考えてみましょう。**図表９－３**は，第７章で用いた公共財に関して７
人の有権者の限界効用を描いたものです。ここで，G_B, $G_{中川}$, G_Cという３
つの選択肢が提示されたとしましょう。それぞれの選択肢が実施された場合
の消費者余剰の大きさから，７人の有権者は**図表９－４**のような選択肢に関
する選好順位をつけます。

　まずコンドルセ投票を用いて確認してみましょう。第７章で説明したよう

図表 9 － 3 ▶▶▶ 誠実投票(コンドルセ投票)を行った場合のDの損失

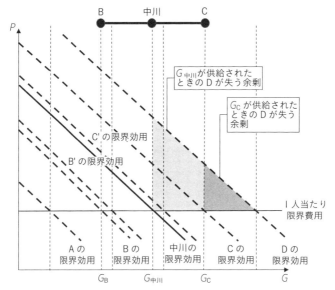

図表 9 － 4 ▶▶▶ 誠実投票の選好順位

	有権者A	有権者B	有権者B'	中川	有権者C'	有権者C	有権者D
第1位	G_B	G_B	G_B	$G_{中川}$	$G_{中川}$	G_C	G_C
第2位	$G_{中川}$	$G_{中川}$	$G_{中川}$	G_C	G_C	$G_{中川}$	$G_{中川}$
第3位	G_C	G_C	G_C	G_B	G_B	G_B	G_B

に,コンドルセ勝者がいる場合,その選択肢は「他のどの候補よりも過半数以上に支持されている」という,ある望ましさを備えています。**図表 9 － 4** の選好順位に従ってコンドルセ投票を行うと,$G_{中川}$ が選ばれることになります。この過程はみなさんがご自身で確かめてみてください。

しかし,この結果は有権者Dに,**図表 9 － 3** の薄い網掛けをした部分の消費者余剰の損失をもたらします。有権者Dにとっては $G_{中川}$ よりも,**図表 9 － 3** の濃い網掛けをした部分の損失しかもたらさない G_C の方が,より好ましい選択肢です。このことは有権者Cについても言えます。この場合,有権者Cと有権者Dが**図表 9 － 5** の網掛け部分のように選択肢の順番を入

図表9－5 ▶▶▶戦略的投票の選好順位

	有権者A	有権者B	有権者B'	中川	有権者C'	有権者C	有権者D
第1位	G_B	G_B	G_B	$G_{中川}$	$G_{中川}$	G_C	G_C
第2位	$G_{中川}$	$G_{中川}$	$G_{中川}$	G_C	G_C	G_B	G_B
第3位	G_C	G_C	G_C	G_B	G_B	$G_{中川}$	$G_{中川}$

れ替えて，投票に臨んだらどのようなことが起こるでしょうか。

この場合，有権者C，Dは戦略的に複峰型選好をもつ有権者として振る舞うことになりますので，この場合にはコンドルセパラドックスが生じ，コンドルセ勝者である $G_{中川}$ を選べないという状況に陥ってしまいます。具体的なコンドルセ投票の過程はみなさんで確認してみてください。このようにコンドルセ勝者が存在するにもかかわらず，それを選べないという社会全体にとって好ましくない結果を，戦略的投票はもたらす可能性があります。

1.3 ギバート・サタスウェイトの定理

しかし，「誠実投票が当然のように行われる」，集団的意思決定方法はあるのでしょうか。第7章のアローの一般不可能性定理のように，抽象度は高いのですが，そのような集団的意思決定手法が存在するとすれば，非独裁性を満たさないということを，数理的に厳密な形で示したのが，**ギバート・サタスウェイトの定理**です。

この定理では，3つ以上の選択肢があり，各有権者は選択肢の選好順位を報告するように求められ，その報告に基づきただ1つの選択肢だけが選ばれる状況を考えています。望ましい集団的意思決定が備えるべき基準を満たしながら，戦略的投票が起こらない仕組みはあるのでしょうか。ギバート・サタスウェイトの定理では，以下の4つの性質を同時に満たす集団的意思決定方法は存在しないことを証明しました。

満たすべき性質1：選好の非限定性

どんな好みを持っている人でも集団的意思決定に参加できるというもので，アローの一般不可能性定理と一緒です。

満たすべき性質2：選択肢の非限定性

これは，有権者たちがどんな報告をしても，絶対に選ばれない選択肢は存在しないということです。選択肢が最初から限定されている集団的な意思決定手法を，我々が受け入れられないのは当然ではないでしょうか。

満たすべき性質3：戦略的操作不可能性

どの有権者にとっても，自分の選好を正直に報告するのが最も得である仕組みであることが求められています。

満たすべき性質4：非独裁性

特定の人の選好が，常に社会の選好として選ばれることはないというもので，これもアローの一般不可能性定理と一緒です。

ギバート・サタスウェイトの定理ではこの4つの性質を同時に満たす，集団的意思決定方法が存在しないことが証明されています。いいかえれば，選好の非限定性，選択肢の非限定性を満たして，参加者に嘘を報告するインセンティブを持たせないような，集団的意思決定システムがあるとすれば，それは独裁的な意思決定手法だということになります。独裁者が一番好ましいと表明した選択肢が常に選ばれますので，他の有権者は嘘の報告を行うインセンティブをもたないことになります。

1.4 戦略的投票の意味

ギバート・サタスウェイトの定理で，戦略的投票を回避するためには，集団的意思決定のやり方をわれわれが受け入れがたい仕組みとするしかないことが示されました。しかし，戦略的投票というのは社会にとって悪い結果しかもたらさないのでしょうか。それを最後に検討してみましょう。

公共財の供給量を相対多数決で決める場面を考えます。**図表9−6**には

有権者である 7 人の限界効用曲線が描かれています。ここでは G_B, $G_{中川}$, G_C という 3 つの選択肢から選択を行います。**図表 9 − 3** のケースと同じです。相対多数決という投票方法が異なるだけです。7 人の選好順位は**図表 9 − 4**（再掲）のように示されます。

相対多数決ですから，G_B が 3 票，$G_{中川}$ と G_C が 2 票ずつ獲得して，G_B が選ばれます。しかしこの選択は**図表 7 − 3** で検討したように，コンドルセ勝者は $G_{中川}$ ですから必ずしも望ましいものではありません。

この結果有権者 C は，**図表 9 − 6** の薄い灰色の部分の消費者余剰を失います。それよりは $G_{中川}$ が選ばれて，図の濃い灰色部分の消費者余剰の損失

図表 9 − 6 ▶▶▶ 誠実投票を行った場合の C の損失

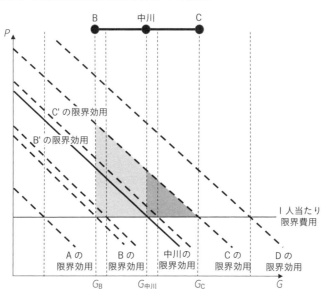

図表 9 − 4 ▶▶▶ 誠実投票の選好順位（再掲）

	有権者 A	有権者 B	有権者 B'	中川	有権者 C'	有権者 C	有権者 D
第 1 位	G_B	G_B	G_B	$G_{中川}$	$G_{中川}$	G_C	G_C
第 2 位	$G_{中川}$	$G_{中川}$	$G_{中川}$	G_C	G_C	$G_{中川}$	$G_{中川}$
第 3 位	G_C	G_C	G_C	G_B	G_B	G_B	G_B

図表 9 - 7 ▶▶▶ 戦略的投票の選好順位

	有権者 A	有権者 B	有権者 B'	中川	有権者 C'	有権者 C	有権者 D
第 1 位	G_B	G_B	G_B	$G_{中川}$	$G_{中川}$	$G_{中川}$	$G_{中川}$
第 2 位	$G_{中川}$	$G_{中川}$	$G_{中川}$	G_C	G_C	G_C	G_C
第 3 位	G_C	G_C	G_C	G_B	G_B	G_B	G_B

で済ませた方が明らかに得です。このことは有権者 C のみならず，有権者 D にも同じことが言えます。この結果有権者 C，D は，**図表 9 - 7**のように選好順位を変えた戦略投票を行う可能性があります。その結果 $G_{中川}$ が選ばれることになります。

$G_{中川}$ はコンドルセ勝者であり，戦略的投票は必ずしも好ましくない結果をもたらすわけではないことがわかります。第 7 章で議論したように，相対多数決は有権者の選好順位 1 位の情報しか活用しない投票方法です。このため，コンドルセ勝者を選び出すことに失敗することがあることが指摘されました。この場合の有権者 C，D の戦略的投票は，第 2 順位以下の選択肢の情報も活用した行動を行うことで，もともと相対多数決が備えていた欠点を補ったという評価ができるかもしれません。

2 / 市民の立候補

2.1 地方議会の成り手不足問題

　市民は，集団的意思決定を担う議会を構成する議員や首長に立候補する主体でもあります。しかし，近年地方議会を中心にその成り手不足が問題となっています。総務省の「地方議会・議員のあり方に関する研究会　報告書」（令和 2 年）によれば，

　「平成 31 年統一地方選挙における投票率は，都道府県議会議員選挙で 44.0％，指定都市議会議員選挙で 43.3％，市区議会議員選挙で 45.1％，町

村議会議員選挙で 59.7％となり，いずれも過去最低の投票率であった。同じく平成 31 年統一地方選挙における無投票当選者割合は，都道府県議会議員選挙で 26.9％，指定都市議会議員選挙で 3.4％，市議会議員選挙で 2.7％，町村議会議員選挙で 23.3％となった。都道府県議会議員選挙及び町村議会議員選挙において特に増加傾向にあり，いずれも過去最高の割合であった。ちなみに，都道府県議会議員選挙における無投票となった選挙区の割合は 37.2％であり，立候補者数が定数割れとなった団体は 8 団体で合計 9 人となっている。」

とされています。

また地方議会の構成についても同報告書は，

「議会の議員の構成は，住民の構成と比較して女性や 60 歳未満の割合が極めて低い状況が続いている。また，女性議員がいない議会や議員の平均年齢が高い議会において無投票当選となる割合が高くなる傾向も見られる。」，「性別や年齢構成の面で多様性を欠いていることは，住民にとって議会が遠い存在であると感じられ，意欲のある住民に立候補を思いとどまらせることにつながるなど，議員のなり手不足の原因の一つになっている面があると考えられる。」

としています。

　このように立候補というのは，我々が集団的意思決定に参加する，1 つの大きな手段です。一方で立候補は投票と比べて非常に大きなコストがかかるため，その決断は人生をかけた大きなものになるのかもしれません。上で指摘したように，議員の成り手不足が地方部では深刻な問題になっています。しかし民主主義を機能させるためには，立候補，選挙というプロセスで市民のエージェントとして集団的意思決定を行う人材を確保することは，必要不可欠です。この節では，そもそもなぜ市民は立候補を行うのかという問題から解説を始めます。

2.2 市民候補者モデル

市民の立候補の意思決定を説明するモデルとして，**市民候補者モデル**というものがあります。市民 i が最も好ましいと思う政策を x_i とし，それが 1 次元の政策空間 0 から 1 の間に一様分布しているものとしましょう。第 8 章で説明した 1 次元政策空間です。また選挙の結果実現した政策が，自分の最も好ましい政策 x_i からかけ離れたものであるほど，市民の効用は低下するとします。例えば当選した候補者が実行する政策が x であれば，選挙の結果，市民 i が感じる効用は $-|x - x_i|$ だとします。市民が立候補する場合には，c のコストがかかります。これは選挙活動にかかる時間，労力，金銭などが含まれます。また，市民が立候補して当選した場合には，実施する政策とは関係のない利得 b を得るものとしましょう。この利得は，首長，議員としての報酬のみならず，政治家としての名声，獲得する利権などが含まれます。

ここでは，どのような方が民主主義の担い手となるべく，立候補の意思決定を行うのかに注目して考えてみましょう。上記の設定では，市民は立候補して当選した場合の効用は $b - c$ です。落選し，かつ実行された政策が x であった場合の効用は，$-|x - x_i| - c$ となります。一方，立候補しなかった場合の効用は $-|x - x_i|$ となります。市民はこれらの利得を天秤にかけて立候補に関する意思決定を行うことになるのです。

まずどのような市民が立候補という選択をするのかを考えます。市民のパーソナリティという面で考えた場合に，名声などが反映される b に重きを置き，大勢の前で自身の主張を行う能力が高いなど c が低い人間は，立候補という選択に躊躇がないかもしれません。

また，当選しなければ $b - c$ のような利得は得られず，落選した場合には，$-|x - x_i| - c$ という大きなコストを負担することになるため，リスク回避度はあまり高くないことが必要でしょう。実際にそのような者が立候補をしているのでしょうか。

3 立候補する市民のパーソナリティ

　NIRA総研（総合開発研究機構）は，2020年10月12日（月）〜11月30日（月）に，経済学，行政学の研究者と共同で，全国の市町村長，東京23区長を対象に，政策意識に関するアンケート調査を実施し，824の市区町村（回収率46.8％）から回答を得ました（辻ほか［2022］）。そのアンケート調査では首長のパーソナリティに関する質問も含まれています。以下において，辻ほか［2022］の分析結果を紹介します。

3.1　市町村長のパーソナリティ

　辻ほか［2022］では，心理学で用いられているBig Fiveと呼ばれるパーソナリティの理論に基づいて，首長のパーソナリティの測定結果の比較を行っています。Big Fiveはパーソナリティを外向性，協調性，勤勉性，心配性，開放性の5つの因子で構成したパーソナリティ理論です（Goldberg［1990］）。具体的には，2017年に実施されたドイツ社会・経済パネル調査（SOEP）で用いられた16項目からなる設問を日本語訳して利用しています。

図表9－8　▶▶▶　一般人と市町村長の性格（平均）

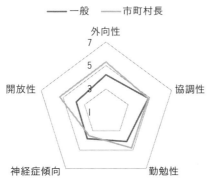

注：性格に関する5要素を1〜7の7段階で評価。数値が大きくなるほど傾向が強くなる。図は回答の平均値。
出所：辻ほか［2022］（https://www.nira.or.jp/paper/research-report/2022/11.html）より。

それぞれの項目について，「非常に当てはまる」「当てはまる」「多少は当てはまる」「何とも言えない」「あまり当てはまらない」「当てはまらない」「全く当てはまらない」の中から選んでもらっています。

図表9-9 ▶▶▶ 一般人と市町村長の性格（分布）

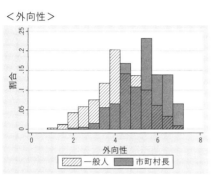
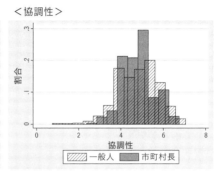
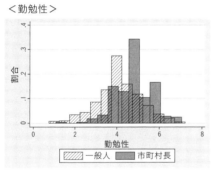
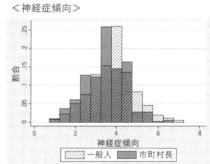
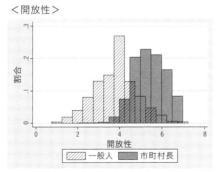

注：性格に関する5要素を1〜7の7段階で評価。数値が大きくなるほど傾向が強くなる。図は一般人，市町村長それぞれの回答分布。
出所：辻ほか［2022］（https://www.nira.or.jp/paper/research-report/2022/11.html）より。

このアンケート結果を平均的な市民のパーソナリティとの比較を行っています。その際比較のため用いたのは，2019 年の慶應義塾家計パネル調査［KHPS 調査 2019］の結果です。その詳細については辻ほか［2022］を参照してください。

　これによれば，一般人よりも市町村長は，外向的で，勤勉性が高く，開放性が高いという結果を得ています。また，一般人よりも市町村長において神経症傾向は少ないようです（**図表９－８，９－９**）。協調性の平均値は一般人と市町村長ではほぼ同じですが，ばらつきは市町村長の方が小さくなっています。「政治家」としては，みなさんが予想された姿と大きく変わらないのではないでしょうか。

　なお，立候補するということ自体が一定のリスクを伴う行為です。また辻ほか［2022］では，リーダーシップを発揮しなければならない「市町村長の重要な資質の１つに，リスクテイクできるかどうか，という点が指摘されることがある」としています。アンケート調査では，この点を正面から市町村長に質問しています。**図表９－10** は，この回答結果を，大久保敏弘・NIRA 総合研究開発機構［2020］の一般人の結果と比較して示したものです。

図表９－10 ▶▶▶一般人と市町村長のリスク選好度

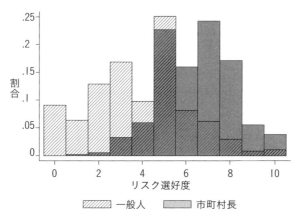

注１）リスク選好度について，0（まったくリスクをとろうとしない）〜 10（とても進んでリスクをとろうとする）で選択した際の回答分布。
注２）辻ほか［2022］（https://www.nira.or.jp/paper/research-report/2022/11.html）より。

これによれば，リスク選好度の平均値は，市町村長が6.4，一般人が3.9となっています。つまり市町村長は一般人よりも，明らかにリスク選好的という結果が出ています。

このように，市町村長のパーソナリティの分析は，前 **2.2** の市民候補者モデルと整合的です。そのような人材に集団的意思決定の重要なプレイヤー，エージェントを担ってもらっているという現状が明らかになっています。前述のとおり，そのような集団的意思決定を担ってもらう人材が地方部を中心に枯渇しつつあります。そのためには何らかの仕組みを検討する時期に，人口減少下の日本は置かれているのかもしれません。

また，市民候補者モデルの当選した場合の利得 *b* は，立候補した方特有の利害である場合があります。その場合は，市民のエージェントとは異なる振る舞いが行われる可能性があります。そのようなゆがみを回避するためにも，何らかの人材確保の仕組みが必要です。その点を次章で解説します。

Working
調べてみよう

若い世代の時間価値，社会に対する貢献意識，政策に与える影響に関する信任などの時系列的な動きをみて，1節で説明した市民の投票行動を説明するモデルと整合的かについて検証してみよう。

Discussion
議論しよう

Working の結果を踏まえて，若い世代の投票率が低いことが，その世代に何をもたらすのか。それがネガティブなものであれば，どのような方策が必要なのかを議論してみよう。

| Training | 解いてみよう |

1. 戦略的投票が起こる場合に，コンドルセ勝者がいるにもかかわらず，コンドルセパラドックスを引き起こす場合があることが説明されているが，その他の弊害についても検討しなさい。

2. 図表9－3，9－4のケースでボルダ投票で集団的意思決定を行った場合に，戦略的投票の影響を検討しなさい。

▶▶▶さらに学びたい人のために ─────────────────────

● 井堀利宏・土居丈朗［1998］『日本政治の経済分析』木鐸社。

● 小林良彰［1988］『公共選択』東京大学出版会。

● 中川雅之［2008］『公共経済学と都市政策』日本評論社。

● 中川雅之［2022］『財政学への招待』新世社。

参考文献

● 浅古泰史［2022］『政治の数理分析入門』木鐸社。

● 大久保敏弘・NIRA 総合研究開発機構［2020］「「新型コロナウイルスの感染拡大がテレワークを活用した働き方，生活・意識などに及ぼす影響に関するアンケート調査」に関する報告書」（NIRA 研究報告書）。

● 辻琢也・大久保敏弘・中川雅之［2022］「人口減少社会に挑む市町村長の実像と求められるリーダーシップ」NIRA 研究報告書。

● 寺井公子・肥前洋一［2015］『私たちと公共経済』有斐閣。

● Feddersen, T. and Sandroni, A.［2006］"A Theory of Participation in Elections," *American Economic Review*, 96(4), pp.1271-1282.

● Goldberg, L. R.［1990］"An Alternative "Description of Personality": The Big-Five Factor Structure," *Journal of Personality and Social Psychology*, 59(6), pp.1216-1229.

第10章 集団的意思決定を支える様々なプレイヤー

Learning Points

▶官僚はどのような動機をもって，公共政策にどのような影響を与えるのか。

▶議会が官僚に公共政策の企画立案の権限を委譲するのはどのような場合か。

▶利益団体とはどのような団体で，その団体を維持できるのはどのような場合か。

▶多くの人が抱える小さな利害関係を，政治につなぐことはできないのか。

Key Words

ニスカネンモデル　集団的意思決定の授権　利益団体
公共財供給ゲーム

これまで，有権者の公共政策に関する選好を把握するメカニズムとしての，投票という仕組みについて解説してきました。しかし，議会のみが公共政策を企画立案しているかというと，それは実態から大きく離れた見方です。公共政策の企画立案に大きな役割を果たしているプレイヤーは，多様です。その中から，官僚と利益団体をこの章では取り上げることとします。

1 官 僚

1.1 ニスカネンモデル

日本の法律は，**内閣提出法案**と**議員提出法案**がありますが，前者が圧倒的に多い状況にあります。内閣提出法案による政策の形成で，実質的な役割を果たすのは各省庁に配属された**官僚**です。

163

実際に公共政策の実施にあたって，強制力を行使できるのは政府です。政府の様々な意思決定で主要な役割を果たしている官僚が，例えば

- ●適切な公共財の水準を決めて
- ●それに必要な費用を税という形で集める

というやり方ではなぜだめなのでしょうか。

　それは「政府が適切な公共財の水準を決めることができる」と考えるか，否かという点にかかってきます。著名な経済学者であるケインズ（Keynes, J. M.）は，政府に社会の状態を改善する大きな役割を託していました。彼の政府観を，「**ハーベイロードの前提**」と呼ぶことがあります。非常に簡単に言えば，政府とは，

- ●自分のためではなく，国民のために行動する（**利他性**）
- ●他の経済主体（消費者，企業等）よりも豊富な情報を持っている（**情報優位性**）

を持つ存在だと位置づける考え方です。政府は，「社会的余剰を最大にするために」，第2章で説明した集計需要曲線と限界費用曲線の位置や形状を「正確な情報に基づき」把握して，公共財を供給するため，最適な公共財の供給が期待できることになります。

　では，現実の政府はどうでしょうか。まず利他性について検討してみましょう。国民のために官僚が働いていると考えることに，基本的には違和感はありません。しかし，ニスカネン（Niskanen, W. A.）は官僚には利己的動機が存在すると主張しました。たしかに，官僚が自身の働きで獲得した予算や権限から，キャリアパス上のメリットを得ないかというと，多分そんなことはないでしょう。また，引退後の天下り先のことを全く考えずに仕事をしているとも思えません。

　また情報優位性についても，ニスカネンは集計需要曲線については，議会も官僚も真のものを知っているが，限界費用曲線については，議会は真の姿を把握することができないため，官僚は公共財の供給量を操作することができるものとしました。

　ここで実際の手続きを反映して，官僚は議会に「自分が適切だと考える公

図表10－1 ▶▶▶ **官僚の利己的動機を反映した公共財の供給**

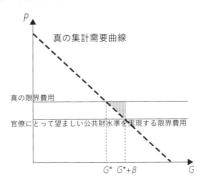

共財の量」を報告して，それを議会が承認して予算が執行されると考えます。
図表10－1では，（真の）集計需要曲線と（真の）限界費用曲線が交差している，G^*が最適な公共財の供給水準です。しかし，上記のような官僚固有の利己的な動機がある場合，議会に真の限界費用よりも低い水準を報告して，$G^*+\beta$の過大な公共財の供給を議会に認めさせることができます。官僚は獲得した予算，権力を誇示できるほか，それらがもたらすキャリアへの恩恵から効用を増大させることができます。その一方で社会には縦線で網掛けされた部分の社会的余剰の損失が生じています。

1.2 集団的意思決定の授権

しかし，議会が官僚の過大な公共財需要に関する報告をそのまま鵜呑みにするでしょうか。そもそも，公共政策の企画立案，執行はすべて官僚が行ったり，すべて議会が決定しているものではないでしょう。分野によって，「議会が直接決定しているもの」も，「議会が官僚に公共政策の企画立案，運用を実態的に授権させているもの」もあるというのが，現実ではないでしょうか。だとすれば，議会と官僚の役割分担は何によって決定されるのでしょうか。

政府，官僚の情報優位性とは，現在の限界費用曲線に関するものではなく，例えば不確実な将来の社会に関するものだと考えましょう。賃金，資材価格，

図表 10 − 2 ▶▶▶ 議会と官僚の関係

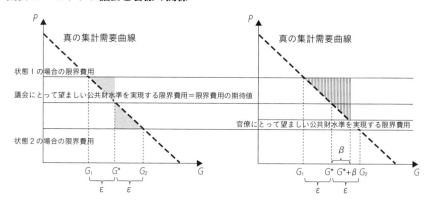

様々な機会費用を左右する将来の状態は刻々変化しています。ここでは2分の1の確率で状態1が実現して，2分の1の確率で状態2が実現するものとします。**図表 10 − 2** にあるように状態1が実現した場合に限界費用曲線は現在よりも上方にシフトして，社会的余剰を最大にする公共財供給量は $G_1 = G^* - \varepsilon$ となります。一方，状態2となった場合には，限界費用曲線が下にシフトしますから，最適な公共財供給量は $G_2 = G^* + \varepsilon$ となります。

このような状態で，議会が公共財の供給量の決定を官僚に授権しない場合には，何が起こるでしょうか。議会も現在の集計需要曲線や限界費用曲線の情報をもっています。このため G^* が社会的余剰を最大にする，最適な選択だと考えています。

しかし議会は，将来，2分の1の確率で状態1と状態2が発生することは知っていますが，どちらが実現するかはわかりません。このため，議会は限界費用の期待値に基づいて，G^* の公共財の供給を決定します。この場合，国民に**図表 10 − 2** の左図の2つの灰色の網掛けのある社会的余剰の損失のいずれかが，発生することになります。**図表 10 − 2** の集計需要曲線のように−1の傾きを持つものを前提にすれば，議会や国民にとっての損失の期待値は，

$$\frac{1}{2}\left\{\frac{1}{2}(-\varepsilon)^2 + \frac{1}{2}(\varepsilon)^2\right\} = \frac{1}{2}\varepsilon^2 \tag{1}$$

となります。この社会的余剰の損失は議員が再選される確率を引き下げますから、議員にとってのコストになります。

　一方、議会が公共財の供給量の決定を官僚に授権させた場合には、何が起こるでしょうか。ここでは官僚は状態1が実現するか、状態2が実現するかに関する情報を持っていると考えます。ここでは状態1が実現するものとしましょう。しかも将来の限界費用に関する情報は官僚しか知りませんから、限界費用に関する議会への報告を操作することで、どの状態が起きても、授権された官僚は $G^* + \beta$ の公共財を供給できます。つまり、官僚に授権させた場合には確実に、**図表10－2**の右図の縦線で網掛けされた部分の損失が発生することになります。この大きさは、

$$\frac{1}{2}\beta^2 \tag{2}$$

となります。

　(1)式と(2)式の大小関係で公共財の供給量の決定を誰が行った方がよいかを、（自分自身の再選確率の観点から）議会と、（社会的余剰という観点から）国民は判断することができます。このため議会は $\varepsilon > \beta$ のときは、公共財供給量の決定を官僚に授権させ、$\varepsilon < \beta$ のときは自らが公共財供給量を決定すると考えられます。

　これは何を意味するのでしょうか。β が小さいほど、あるいは ε が大きいほど、議会は官僚に授権させる動機が生まれます。β が小さいというのは、官僚が利己的に振る舞ったとしても、例えば中位投票者の選好から大きく逸脱しない場合は、議会は官僚に公共政策の決定に関する授権を行うことが合理的になります。一方、ε が大きいというのは将来の状態に関する不確実性が高いということを意味します。この場合には、議会は官僚に公共政策の決定を授権させたことが自分の利益にもなります。

　例えば金融政策などに関しては高度な専門的な知識がなければ、選択した決定がマクロ経済、物価水準、金融市場にどのような影響を与えるかを予測することは難しいですね。このような観点から、中央銀行は独立性を保って金融政策の決定、執行を行っています。

ちなみに，Alesina and Tabellini［2008］のより詳細な研究では，「利害関係者が多岐にわたらない施策」「成果判別しやすい施策」「コミットメントを守るのが難しい施策」については官僚が担うべきであり，複雑な住民選好を反映して，その利害調整を行わなければならない施策は政治家が担うことが適当だとしています。それは，

- 政治家が選挙というプロセスできめ細かな有権者の選好を把握している
- 明確な成果判別ができない場合は，プリンシパル・エージェント問題が深刻化し，授権させた官僚の行動を管理することができない
- 再選動機が強い政治家は，有権者に負担を求めるコミットメントを守れない場合がある

ことによります。

1.3 市町村長の意識

1.3.1 施策分野別の政治的判断の重要性

ここで第1章，第9章で参照した，NIRA総研（総合開発研究機構）が，経済学，行政学の研究者と共同で，全国の市町村長，東京23区長を対象に実施したアンケート調査結果を再び紹介します。このアンケートでは，首長に対して重要な政策課題の解決方法についても調査しています。このアンケートでは対照的な2つの方法を想定して質問しています。1つは，文字通り政策を判断するにあたって，自分の政治判断を強調するものです。もう1つは，国や県の助言を含めて行政のルールや慣例に従うことを強調するものです。アンケートでは後者を，「(A) 行政におけるルールや，行政組織のこれまでの慣例を踏まえた判断」とし，前者を「(B) 市町村長による政治判断」としています。必ずしも正確ではありませんが，(A)は，官僚が実態上運営する組織に授権させる政策形成のスタイルと考えてもよいのではないでしょうか。(B)はまさにそのような授権を行わずに，選挙で選ばれた自らの判断によって政策形成を行うスタイルと考えることができましょう。

前の小節までは，選挙によって選ばれた議会と官僚の授権関係について解説してきました。NIRA総研の調査は，首長を対象としたものですが，選挙で選ばれた首長が自ら政治判断を行うか，官僚組織のルールややり方に委ねるのかという問題設定は，前小節の解説と問題意識を共有しています。

　辻ほか［2022］では，回答結果に基づき，課題別に，政治判断の必要性を数値化しています。すなわち，(A)「行政のルールや慣例を踏まえた判断」の必要性が「さらに強め」＝1，「より強め」＝2，「やや強め」＝3，「(A)(B)とも同程度」＝4とし，(B)「市町村長の政治的な判断」の必要性が「やや強め」＝5，「より強め」＝6，「さらに強め」＝7としています。数値が高ければ高いほど，政治判断が必要であると市町村長が強調していることを示しています。逆に，数値が低ければ低いほど，行政のルールや慣行に基づく行政判断が必要であると強調していることになります。

　図表10－3は，第1章で紹介した重視する政策分野に関する問いで，20％以上の市町村長が重視していると回答した政策課題（対象数7）のみを取り出して表示しています。この調査結果によれば，全体的に(B)，すなわち，市町村長の政治判断が必要であると回答した割合が高くなっています。このうち，政治判断の必要性が特に強調されたのは，「地域づくり・商工業振興・雇用対策」，及び「定住人口確保策」でした。住民に直接サービスを

図表10－3 ▶▶▶ 市町村長による政治判断の必要性

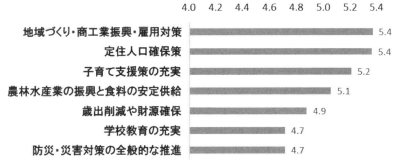

注：(A)「行政のルールや慣例を踏まえた判断」が「さらに強め」＝1，「より強め」＝2，「やや強め」＝3，「(A)(B)とも同程度」＝4，(B)「市町村長の政治的な判断」が「やや強め」＝5，「より強め」＝6，「さらに強め」＝7として評価した市町村長の回答を，政策ごとに平均した。
出所：辻ほか［2022］（https://www.nira.or.jp/paper/research-report/2022/11.html）より。

提供するような政策に，市町村長が政治判断の必要性を強調する傾向がみられます。

1.3.2 施策の重要度別政治的判断の重要性

一方，この政治的判断の重要性の認識は，各施策を市町村長がどれだけ重要だと考えているかという，重要性を反映している可能性もあります。現に重要施策としての順位が高いほど，政治的判断を強調していることが報告されています。

図表10－4は，施策単位で順位ごとに，政治判断の必要性の認識を，第1～4順位に挙げた政策の平均値からの差で記述しています。これによれば，

図表10－4 ▶▶▶政策分野ごとの政治判断の必要性に関する全政策平均（各順位）との差異

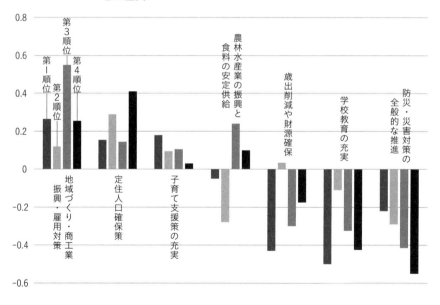

注：全施策における政治判断の必要性の平均値を0としている。政治判断の必要性が高いとの回答が多い場合は0より上に振れ，政治判断の必要性が低いとの回答が多い場合は0より下に振れる。
出所：辻ほか［2022］（https://www.nira.or.jp/paper/research-report/2022/11.html）より。

政治判断の必要性が高いと認識される「地域づくり・商工業振興・雇用対策」「定住人口確保策」「子育て支援の充実」は，すべての順位において平均を上回って政治判断が必要とされています。一方，政治判断の必要性が低いと認識される「歳出削減や財源の確保」「学校教育の充実」「防災・災害対策の全般的推進」については，それぞれの施策の各順位において平均を下回る政治判断しか求められていません。

1.3.3 政治的な判断とルール，慣行等との役割分担

やはり，各施策別に政治的判断がより求められるものと，組織のルール，慣行やその決定に委ねることが適切なものが区別されているようです。

再度 Alesina and Tabellini［2008］の整理を繰り返します。「利害関係者が多岐にわたらない施策」「成果判別しやすい施策」「コミットメントを守るのが難しい施策」については官僚が担うべきであり，複雑な住民選好を反映させたり，その利害調整を行わなければならない施策は政治家が担うことが適当だとしています。

図表10－3及び10－4で，行政ルールを踏まえた判断が必要と回答した市町村長の割合が相対的に高いのは，「防災・災害対策の全般的な推進」，「学校教育の充実」，「歳出削減や財源確保」です。学校教育については，首長部局ではなく教育委員会所管で政治的中立が求められています。防災・災害対策については，専門的見地から科学的にリスクを軽減することも重要でしょう。また災害リスクの公表は，危険地域での居住や経済活動を避けてほしいために行っていますが，一度災害が起きたときに，危険地域であったところの復興の優先順位を下げるという政治的判断はできません。財政再建についても，景気が思わしくない状況で財政再建にコミットするのは，政治的に大きなコストを伴います。

一方，政治的判断の重要性が強調されている「地域づくり・商工業振興・雇用対策」，「定住人口確保策」，「子育て支援策の充実」などは，まさに地域のきめ細かな選好の把握や利害調整が必要な分野のように考えられます。

2 / 利益団体

2.1 レントシーキングとは

公共政策の決定には，その利害関係者のグループが大きな影響を与えると言われています。例えば 1986 ～ 1994 年にかけてガットウルグアイラウンドという枠組みで，貿易の自由化が進められました。日本の米の輸入を解禁する際には，農業関係団体が強い反対を示して，それが政治的な過程を経て，非常に大きな農業，農村関係補助金につながったとされています。このように新たな政策によって損をする関係者は，その政策の実行を阻止するよう，政府に働きかける動機があります。また，既に特定の政策によって利益を得ている人たちは，その政策を維持するように政府に働きかけたいと思う動機があります。このような共通の利害と目的を持ち，政策の決定・実行に影響を与えるために，政治的な行動をとる人たちのグループを**利益団体**と呼びます。

このような利益団体が追求する，政治的な要因から生まれる超過利潤をレントと呼び，それを追求して行動することを**レントシーキング**と呼びます。具体的なレントシーキングとしては，政治家のもとを訪れて，特定の政策の実施，あるいは廃止がどれだけ，社会のためになるのかについて説得することが考えられます。このような活動を**ロビー活動**と呼びます。

しかしなぜ政治家は，そのようなロビー活動によって影響を受けるのでしょうか。政治家に影響を与えるとしたら，その活動が政治家の再選確率を上げる可能性があることが必要でしょう。利益団体は政治献金という形で，政治家が選挙運動を行うにあたって必要な資金を提供することができます。また，規模の大きな利益団体は，自分たちのためになる政策を公約として掲げている政治家に投票するよう，動員をかけることができるかもしれません。

2.2 公共財としてのレントシーキング

　しかし，ロビー活動にはコストがかかります。一方でロビー活動自体は，レントシーキングを目的としていますが，その結果としてもたらされる政策の変更あるいは維持は，政策の影響を受けるすべての人に恩恵を及ぼします。つまりレントシーキング活動は公共財と非常によく似た構造を持っています。

　もう少し詳しく説明しましょう。利益団体形成の基礎となる協力関係の構築は，**図表10－5**のようなプレイヤーが選択した戦略の組み合わせと，それぞれの利得の組み合わせの関係が，有名な**囚人のジレンマ構造のゲーム**となっています。

　つまり，ロビー活動を行う取り決めが，「僕」と「あなた」の間にあるものとしましょう。この取り決めに従って「協力する」か，裏切って「協力しない」という戦略の選択を，僕もあなたも選択することができます。双方とも協力した場合には，双方とも $b - c/2（> 0）$ の利得を得ます。ロビー活動に伴う政治的成果による利得が b で，ロビー活動のコスト c を双方で分担しているからです。一方が協力し，もう一方が裏切った場合は，一方的に協力した方にはロビー活動に必要な全コスト $-c$ を負担することになります。このロビー活動によって政治的な成果が得られた場合，協力した方にも，協力しなかった方にも b の成果が生じます。このため，協力をした方には $b - c（< 0）$ の負担が，裏切った方には $b（> 0）$ の利得が生じます。双方とも協力をしなかった場合には，利得も負担も生じません。

　図表10－5にあるように，あなたが「協力する」という戦略を選択した

図表10－5 ▶▶▶ロビー活動に関する囚人のジレンマ構造のゲーム

僕が ＼ あなたが	協力する	協力しない
協力する	$(b - c/2,\ b - c/2)$	$(b - c,\ b)$
協力しない	$(b,\ b - c)$	$(0,\ 0)$

注１：$0 < c/2 < b < c$ であるとする。
注２：欄内の利得は，（僕の利得，あなたの利得）として記述されている。
出所：サグデン［2008］を参考に筆者作成。

173

場合，僕は「協力しない」という選択をした方が，明らかに大きな利得を得ることができます。あなたが「協力しない」という選択をした場合，僕が「協力する」という戦略を選択した場合の利得は $b-c$（<0）で，「協力しない」という戦略を選んだ場合は利得も損失も生じませんから，やはり「協力しない」という戦略を選びます。つまり，あなたがどんな戦略をとっても，僕は「協力しない」という戦略をとった方が得になっています。これを支配戦略といいます。このことは，あなたにとっても同じです。このため，ロビー活動を協力して行うという取り決めは履行されることがありません。

2.3 公共財供給ゲーム

2.3.1 公共財供給ゲームとは

ここでは，ロビー活動という利益団体の中にのみ利益を生み出すサービスを対象としていますが，このような構造を持つ財・サービスの供給が**図表10－5**のような結果にたどり着いてしまうことは，様々な「**公共財供給ゲーム**」と呼ばれる実験によって確認されています。

1つの例を紹介します。

①4人1組のグループを作り，各参加者に10ポイントを与えます。

②各参加者は，10ポイントの中からグループの共有口座に提供する分を決めます。

③各参加者は提供しなかったポイントをそのまま持っていますが，提供したポイントはグループ内で合計した2倍分を4人で均等に分けます。

つまり，参加者は自分が提供しなかった分に加え，グループ4人が提供したポイント全体の0.5倍分を獲得できます。この場合，自分でポイントを提供しないで，他の人のポイント提供にただ乗りすることが，個人としては最適な戦略になります。

この理論的な予想は，ゲームの初回では一定の協力率が得られるものの，回数を繰り返すにつれて協力率が低下する，という多くの「公共財供給ゲー

ム」の実験結果によって裏付けられています。

2.3.2 協力が得られやすい条件

前小節のような状況で協力率を増やすポイントはなんでしょうか。協力率に影響を与える要素として挙げられるものに，**匿名性**があります。グループのメンバーの顔がわからない場合や，誰が何を選んだのかがわからない場合，人は協力しにくくなります。

また，メンバー間で会話をした後に公共財供給ゲームをすると，会話なしに行った場合に比べて高い協力率が観察されます。つまり小規模な団体では，匿名性を減らし，円滑なコミュニケーションをとることで，お互いに協力する状態が維持されやすいことがわかります。一方，不特定多数で構成されているグループでは罰則などの，協力を維持するための制度が必要になります。

そのほかにグループ内の協力関係に影響を与える要素はあるのでしょうか。前節の囚人のジレンマ構造のゲームは，1回きりのゲームだとすれば，双方とも裏切るというのが最適な戦略でした。これが繰り返し行われるとすれば，結果は変わってくるでしょうか。2人のプレイヤー間で，毎回協力するという協定が結ばれたとしましょう。この協定が守られることで得られる期待効用は，以下のとおりです。π は，何回か繰り返されるゲームが次回も続く確率です。

$$\left(b - \frac{c}{2}\right)(1 + \pi + \pi^2 + \cdots) = \frac{b - \frac{c}{2}}{1 - \pi}$$

ここで，私も相手もいったん協定を破ると相手は二度と協力しないという，報復手段をとった場合のことを考えましょう。初回で一方が協定を破り，他方が守るならば，裏切ったプレイヤーは効用 b を得ます。その後，どちらも協力することはないから，ゲームから得られる利得は 0 です。$\frac{b - \frac{c}{2}}{1 - \pi} > b$，つまり，$\pi > \frac{c}{2b}$ の場合に初めて，相互協力する可能性が生まれます。

これらのことを勘案すれば，長期間続く（π が大きい），大きな共通の利

175

害（$\frac{c}{2b}$が小さい）に結ばれた，匿名性が保てない少人数のグループほど，協力関係が続きやすいということがわかります。その場合，活発なロビー活動により公共政策決定に大きな影響を与える可能性があります。逆に言えば，小さな，時間によって変化しやすい利害関係で結ばれた，多数の人間は協力関係を継続することが難しいということを意味します。この人たちの声を公共政策につなげるチャンネルは，利益団体というチャンネルを使うことはできません。このことは，公共政策の企画立案のために，くみ上げられる選好にバイアスがかかることを意味します。

3　利益団体への向き合い方

　利益団体には我々はどう向き合ったらよいのでしょうか。

　ロビー活動に代表されるレントシーキングは，何の付加価値も生み出さずにそれ自体が無駄だという指摘が行われます。一方で，政治家などへの情報提供の機能があるとする指摘もあります。

　しかし，前の節で述べたように，小規模な団体のような組織は囚人のジレンマをたやすく乗り越えることができます。さらに協力の純便益$b - \frac{c}{2}$が大きい場合にも，協力関係の維持を持続させることができます。そのような大きな利害を有する少数者のみが，レントシーキングを行いやすい環境は，集団的意思決定に大きなゆがみをもたらすでしょう。第8章で議論した**確率的投票モデル**では，政党は，政策資源を限界的に振り向けたときに票に結び付きやすいグループの選好を重視することが示されました。第9章で議論した市民投票モデルでも，当選に伴って特別な利益を受ける可能性のある候補者は立候補する確率が高くなりました。

　一方，公共政策は効率化政策も所得分配と密接に結び付きますので，レントシーキングが発生することはある意味，避けられないことかもしれません。レントシーキング活動が非効率，あるいは不公平な結果を招くかもしれないという指摘も，そのとおりですが，それを改善することは必ずしも容易では

ないでしょう。むしろ，この章の最後に述べた互酬性を踏まえれば，大規模なグループにおいても，統一した声を政治につなげる可能性があることに注目したいですね。また，第14章で紹介する**ミニパブリックス**の活用は，大規模なグループの小さな利害関係を，公共政策に反映させる取り組みとして評価することができるかもしれません。

第2章で議論した地球環境問題などへの公共政策決定では国際NGOなどが大きな発言権を持っています。非常に長期に続く共通の利害関係の下においては，大きな人数であっても，**互酬性**に基づく協力関係が継続する可能性があります。地球環境問題などは長期にわたる課題の典型例ですね。第Ⅲ部で大きなテーマとなる人口減少問題も同じような問題です。期待をもって見守りたいと思っています。

Working
調べてみよう

この章で紹介された分野に限らず，政治的判断に委ねた方がいいものと，行政組織に授権させた方がいいと考えられる政策分野をピックアップしてみよう。

Discussion
議論しよう

Workingの結果を踏まえて，なぜそれらの政策分野で政府からの独立性又は政治的中立性を求められているのかを議論してみよう。

Training
解いてみよう

1．公共政策形成にあたっての官僚の活用方法として，官僚への権限委譲の有無だけでなく，官僚を人事権を利用して統制する方法があると言われている。行政手続き法の制定も官僚の統制の手段の1つだとされるが，その理由を考えなさい。

2．2.3.1節で紹介した公共財供給ゲームで，各参加者がナッシュ均衡行動をとるときに，誰も共有口座にポイントを提供しなくなることを，説明しなさい。

3．1994年から選挙資金の獲得のために，公的資金である政党助成金が支給されるようになった。その理由を考えなさい。

▶▶▶さらに学びたい人のために

- ●井堀利宏・土居丈朗［1998］『日本政治の経済分析』木鐸社。
- ●小林良彰［1988］『公共選択』東京大学出版会。

参 考 文 献

- ●浅古泰史［2022］『政治の数理分析入門』木鐸社。
- ●辻琢也・大久保敏弘・中川雅之［2022］「人口減少社会に挑む市町村長の実像と求められるリーダーシップ」NIRA 研究報告書。
- ●寺井公子・肥前洋一［2015］『私たちと公共経済』有斐閣。
- ●ロバート・サグデン著，友野典男訳［2008］『慣習と秩序の経済学』日本評論社。
- ●Alesina, A. and Tabelini, G.［2008］"Bureaucrats or Politicians? Part II：Multiple Policy Tasks," *Journal of Public Economics*, 92, pp. 426-447.

第 **III** 部

新しい政策技術

第11章

人口減少時代の公共政策

第12章

費用便益分析のアップデート

第13章

実験的評価手法

第14章

集団的意思決定の補完

第11章 人口減少時代の公共政策

Learning Points

▶負のショックに対して，どのような効率化政策と再分配政策が求められるのか。

▶人口減少時代の効率化政策とは何か。

▶人口減少時代の効率化政策の痛みを緩和させる政策とは何か。

▶人口減少時代になぜ，国土計画のようなマクロな空間計画が必要なのか。

Key Words

パレート劣化　東京一極集中問題　コンパクトシティ　スマートシティ
国土計画

　第Ⅰ部では，公共政策のアジェンダ設定，そのアジェンダに対応すべき政策の決定について，所得再分配を除けば，客観的，技術的な決定を行いうることを解説しました。しかし，現実には市場の失敗に対応した効率化政策も所得分配に影響を与えるため，公共政策の決定は集団的な決定に委ねざるを得ないものでした。

　第Ⅱ部では，その集団的意思決定に関して，様々な提案が行われ，実際に様々な決定手法が用いられていることを解説しました。しかし，どれも社会的余剰という観点から最適性を保証できないばかりか，決定自体を行えない場合もある不完全なものであることが示されました。

　これらのことを踏まえれば，

- 今，我々は理想的な公共政策の決定のやり方を知っているわけではないという現状を認識した上で，

- できるだけマシな公共政策の決定ができるよう，現実の公共政策決定のやり方を，徐々に変えていく

ことを目指すことが現実的かもしれません。

ここで現実的な公共政策の決定過程に目を転じてみましょう。石橋・佐野・土山・南島［2018］に基づいて，公共政策学などの学際研究の見方を紹介します。現実のアジェンダ設定以降に，知的で技術的な要素と政治的な要素が複雑に絡み合う形で，複数の代替案の中から公共政策が形成されていきます。

その際，技術的に実行が難しい政策案や政治的な支持を得にくい政策案は，選択肢から落とされていきます。政策案を実現可能なものにし，政府内外の関係者に受け入れられるようにするには，①問題の性質や特徴の明確性，解決方法の専門知識が十分にあること，②憲法の規定，政府と地方自治体の関係，社会の中の支配的な理念や信条が制約条件とならないこと，③政治的受容性があること，④官僚機構の内部で標準的に用いられている作業上の手続き，省庁間のセクショナリズム，権限・組織・定員・財源といった行政資源の調達の程度などへの配慮，⑤政策コミュニティが共有する価値観や考え方に合致すること，が満たされている必要があるとされています。

このうち④と⑤は，立法府，行政府を含めた公共政策を企画立案，執行するプレイヤーのコミュニティ内でのやりやすさ，価値観との適合性の問題です。非常に多くの要素が含まれているため，実際の政策形成プロセスの中でその都度学習，判断されるべきもののように思われます。

第Ⅲ部ではまず，本章で**人口減少，少子高齢化**が進む日本で求められる公共政策の方向性について，都市政策，地域政策を例にとって解説します。その上で上記の①，②，③の観点から，政策の選択可能性を高める技術として，第12章と第13章で，①にかかわる政策選択に関する科学的な根拠の提示，第14章で②，③にかかわる社会的，政治的な受容性の大前提となる有権者の受容性を高める工夫を紹介します。

1 負のショックに対する公共政策の課題

1.1 負のショックとしての人口減少

　私たちが暮らしている都市の骨格は，高度成長期と呼ばれる，高い経済成長率，人口増加率に特徴づけられる時代に作られました。日本は既に人口減少期に入っており，2020年の1億2614万人の人口は，2050年頃には1億人を割り込むことが予想されています。そのような中で，私たちは大量のインフラや建築物の老朽化，遊休化に直面します。

　「人がいなくなる」，「住宅が減失する」，「公共施設やインフラが破損する」変化をもたらすものとして，真っ先に頭に浮かぶのは災害ではないでしょうか。東日本大震災は，東北地方の広い範囲の都市・地域に壊滅的な打撃を与えました。その結果多くの地域の人口減少が加速しましたが，仙台市をはじめとする大都市への集積も進みました。後で説明する集積の経済を実現できる地域とできない地域の分化が，震災によって促進されたと言えます。2024年1月に起きた能登半島地震でも，同じことが起こるのでしょうか。人口が減少するなか，生産性や良好な生活の基盤となる行政サービスを維持する上で必要な，集積の促進という当然に求められることが起きているのかもしれません。

　本章では人口減少，少子高齢化，公共施設や建築物の老朽化などに，うまく対応するためには，どのような社会の仕組みを備えることが必要かについて考えてみます。東日本大震災や能登半島地震のような災害は，「何の予告もなく」，「突然」その地域の人口や施設を失わせます。一方，私たちがいま直面している「人口減少」などの変化は，緩やかに進むため，一定の準備をもってすれば，それに十分備えることができるはずです。しかし，緩やかに進むために「何とかなる」という社会の雰囲気の中，できるはずの準備をすることなく深刻な事態を招いてしまうかもしれません。

　こうした「先送り」を私たちは何度も繰り返しています。人間の心理的特

性に注目した**行動経済学**では，人間は「つらいこと」や「めんどうなこと」を先送りする傾向にあると知られています。人口減少や高齢化は日本全体を襲う現象であるため，どこか他の地域からの移転に期待することはできません。また，近い将来，状況が改善する見込みを持つこともできないため，将来世代につけを回すことも適当ではないでしょう。そのような中で，どのようなことができるのかを考えていきたいと考えています。

　第Ⅰ部の最後に，公共政策には効用可能曲線の外側へのシフトをもたらす効率化政策と，社会が選び取った価値観に沿って，社会の構成員間の所得分配の公正性や公平性を実現しようとする再分配政策があることを述べました。前者は技術的，客観的に立案され，それを評価することができる一方で，後者は政治的なプロセスを経て決定せざるを得ないものでした。それぞれの公共政策はその性質を大きく異にするため，独立に実行されることがふさわしいものです。しかし，効率化政策と再分配政策は，ごちゃまぜに行われている場合が多いのが現実です。

1.2　負のショックは人々に何をもたらすのか

　効率化政策と再分配政策はどのように組み合わされて，負のショックに対応することが求められるのでしょうか。第6章では技術革新などの正の外生的なショックが，効用可能曲線を右上にシフトさせることに触れました。しかし，人口減少，少子高齢化というショックは，**図表11－1**のように効用可能曲線を左下にシフトさせることが予想されます。C点が出発点だとしましょう。何の対応もしない場合に，市場メカニズムが社会の構成員の効用のどんな組み合わせを実現するかは，予測が困難です（E点？）。**図表11－1**には「他の者の効用水準を引き上げることなく，誰かの効用水準を引き下げる」，**パレート劣化**と呼ばれる変化が，点線で囲まれた部分で示されています。このような，社会としては明らかに好ましくない状態が，負のショックによって実現する可能性は十分にあります。

　しかし**図表11－2**に，規制緩和などの人口減少時代にふさわしい制度改

図表11-1 ▶▶▶ 人口減少時代の二人社会の効用

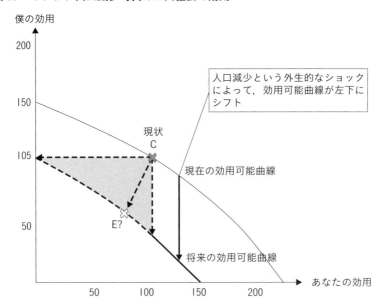

革を行った場合の効用の組み合わせを描いてみました。このような公共政策を実施することにより、効用可能曲線を再び右上にシフトさせることが可能かもしれません。その場合、どのような効用の組み合わせが実現するかを予想することは（これもまた）困難です（E'点?）。しかし**図表11-1**と比べれば、C点を出発点とした場合のパレート劣化の程度を小さくすることに成功していることがわかります。

さらに言えば、パレート劣化の状態は、「社会の構成員がどちらも損をする」組み合わせですが、「ショックに伴う負担を、社会の構成員の誰かに過剰に押し付けることのない」比較的ましな組み合わせでもあります。

しかし、第6章で例示をした効用可能曲線が右上にシフトする正のショックの場合は、効率化政策によって生じた果実をパレート改善に結び付くように再分配すれば、社会の構成員すべての合意をとることが比較的容易でした。一方、**図表11-2**に描かれた世界は、何らかの効率化政策を講じても、社会全体に損失が生じてしまいます。できることは、「社会全体が負担する損

図表11−2 ▶▶▶ 人口減少時代にふさわしい公共政策の効果

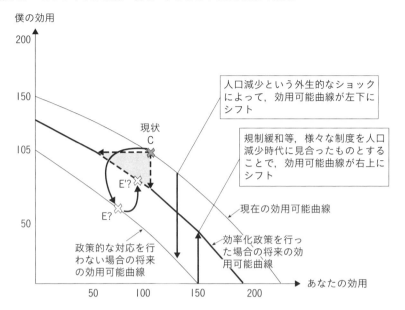

失の大きさを，できるだけ小さなものとすること」と，「可能な限りその負担を，社会の構成員の一部に偏らないようにすること」です。

特に後者の損失分担，例えば世代間で，あるいは地域間でどのような**損失分担**を行うかについて，社会全体の合意をとりつけることが非常に難しいことが想像されます。この章では人口減少時代の都市・地域政策に焦点を当てて，その方向性を解説します。

2 人口減少時代の効率化政策

2.1 東京一極集中問題

人口減少時代の都市のあり方を考えるときに，最も大きなテーマはいわゆる東京への一極集中をどう受け止めるかということかもしれません。**東京一**

極集中の是正は，長い間追究され続けたテーマでした。しかし，なぜそれが必要なのかについては，災害リスクの分散という指摘を除けば，必ずしも説得的な議論は行われていないように思います。

2014 年には出生率の低い東京都への集中が，日本全体の人口減少に拍車をかけているために，東京一極集中を是正しなければならないといった主張が行われました（「ストップ少子化・地方元気戦略」（日本創生会議））。2024 年にも同趣旨の主張が繰り返されました（「令和 6 年・地方自治体「持続可能性」分析レポート」（人口戦略会議））。

東京都の**合計特殊出生率**は 2023 年に 0.99 であり，全国平均の 1.20 と比較すると非常に低いことがわかります。しかし，東京都における 15 〜 49 歳の既婚女性と生まれた子どもの関係を示す有配偶出生率要因は，全国平均を上回っています（23 年度年次経済財政報告（内閣府））。東京都の合計特殊出生率が低いのは，有配偶率が低いことに原因がありそうです。ここでは，東京大都市圏は東京都だけで成立しているわけではないことに注目してみましょう。実際，結婚されている方の割合である有配偶率は東京都で低く，周辺県で高い傾向にあります。

これはなぜでしょうか。様々なタイプの若者であふれている大都市の都心は，パートナーとのマッチングの場としても優れているため，独身の若者をひきつけます。いったんカップルが成立した場合には，生活費の安価な郊外に転出するため，東京都の有配偶率が下がり，周辺県の有配偶率が上がります。これは，全国の都市の都心部と郊外部の関係にも当てはまります。東京都への一極集中が出生率を引き下げているという議論は，東京大都市圏全体をみれば，過大に評価された議論です。

同じように，大都市は多様なスキルを持っている労働者と，多様な活躍の場を用意できる企業との優れた**マッチング**の場でもあります。つまり，東京大都市圏は充実した人生を送る相手，人生のやりがいと豊かな生活の基盤となる企業とのマッチングを巧みに行える重要な場所です。

2.2 コンパクトシティ

　しかし，大都市だけで構成される世界が「人口減少時代の豊かな生活」を支えられるのでしょうか。物質的な豊かさのみならず，多様な自然，文化に根差した環境に住むことも，我々の幸福感の重要な要素です。そのような多様な豊かさを多くの人々が享受するためには，多様性のある**地域の持続可能性**が重要でしょう。そのため**都市のコンパクト化**が，都市政策の大きなテーマになっています。都市のコンパクト化とは，理論的にはどんな意味を持つのでしょうか。それは「失われようとしている都市の存在意義，『集積の経済』を取り戻すための措置」と考えることができます。

　集積の経済は，**マッチング**，**シェアリング**，**情報スピルオーバー**という要素によって構成されていると考えられています。マッチングについては前小節でお話しました。情報スピルオーバーとは，人々の間で繰り返し行われるフェイスツーフェイスのコミュニケーションを通じて，お互いの知識が共有され，新しい知識が生み出されることを指しています。高い生産性を獲得するために必須と考えられる，イノベーションの背景にあるメカニズムです。最後にシェアリングですが，典型的には，公共財や公共サービスのように多くの人が同時に消費可能なものによって説明することができます。つまり消費する人が多くなればなるほど，財・サービスの提供は効率的なものになります。

　市町村における行政サービスの提供には，資本集約的な技術を用いるもの（インフラや公共施設）と労働集約的な技術を用いるもの（介護・福祉サービス等）があります。前者は市町村の人口規模が，後者は人口密度がその効率性に影響を与えます。市町村の行政サービスの1人当たりコストは，人口規模についても，人口密度についても当初は顕著に低下しますが，ある水準を超えると，次第に上昇する傾向にあります。つまりU字カーブを描きます。人口減少は市町村の人口規模の縮小，人口密度の低下を通じて，行政サービスの1人当たりコストの大きな上昇をもたらします。**図表11－3**は人口密度と1人当たり行政コストの関係を，全国の市町村を単位とした散布図で表

図表 11 − 3 ▶▶▶ 市町村の人口密度と 1 人当たり歳出額（2020 年度）

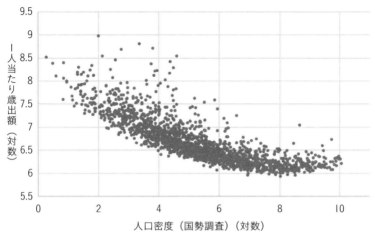

出所：総務省「国勢調査」,「市町村別決算状況調」より筆者作成。

したものです。

　ここで人口規模，人口密度と行政サービスの 1 人当たりコストとの関係を，簡単な回帰分析でみてみましょう。

1 人当たり歳出額
= 13.33 + 0.044*人口^2 − 1.027*人口 + 0.009*人口密度^2 − 0.224 人口密度
　（0.160）　（0.002）　　　（0.035）　　　（0.001）　　　　　（0.015）
　　補正決定係数：0.843，サンプルサイズ：1782

注 1：括弧内は標準誤差。すべて 1% 水準で有意。
注 2：両対数で推計。

　上記の関係を基に，国立社会保障・人口問題研究所「日本の地域別将来人口推計（2023 年）」を用いて，2040 年の 1 人当たりの歳出額のランク別に市町村数を予測してみました。**図表 11 − 4** によると行政サービス提供の効率性の高い市町村数は低下し，効率性の低い市町村が大きく増加することがわかります。

　マクロな人口減少は，長い期間にわたって積み重ねられたものであり，今

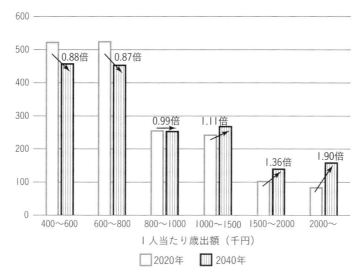

figure 11－4 ▶▶▶ 1人当たり歳出額別市町村数の予測

出所：総務省「国勢調査」，「市町村別決算状況調」，国立社会保障・人口問題研究所「日本の地域別将来人口推計（2023年）」より筆者作成。

すぐ出生率を引き上げたとしても，この傾向を短期的に変えることはできません。それでも集積を促進して一定の人口密度を保つことは可能なのではないでしょうか。それが，都市のコンパクト化を進める理由です。

3 効率化政策の痛みの緩和

　第6章や本章第1節では，効率化政策によって生じた格差を所得再分配政策で是正することが議論されました。しかし，第6章で議論されたのは，個人間の再分配です。

　前節で取り上げた東京一極集中問題は，これまでに「**地域間の所得再分配**」という文脈で議論が行われてきました。しかし，地域間の再分配政策は，豊かな地域の貧しい人から貧しい地域の豊かな人への再分配につながるため，大きな非効率性が発生します。また，知識集約産業がリーディング産業にな

ることが予想されていく中で，フェイスツーフェイスコミュニケーションを十全に発揮できる，大都市への集積を抑制するという議論は，効率化政策と再分配政策をごちゃまぜにした議論の典型です。

本章で議論している人口減少時代の都市・地域にかかわる効率化政策は，まさに地域間の格差を拡大する可能性のあるものかもしれません。しかし，是正すべきは個人間の格差であり，地域間の格差ではありません。また，人口減少に伴う負のショックを和らげる公共政策が，集積の促進を滞らせてしまうことは，避けなければならないでしょう。このため，ここでは集積を止める再分配政策ではなく，集積促進政策に伴う非集積地域の痛みを緩和する政策について議論します。

3.1 損失分担としての再分配政策

人口増加時代，都市拡大期には，得られた利得を分配する形で，「公正性」，「公平性」を確保する再分配政策が行われました。人口減少時代，都市縮小時代には，社会が負担しなければならない損失を，構成員間で分担させる形で，再分配政策がとられる必要があります。

コンパクト化の過程では公共施設の総量縮減，統合が求められます。しかしその取り組みは，なかなか住民の賛同を得ることができずに，大きな困難を抱えているとされています。この原因を考えてみましょう。

極端な例ではありますが，ここでは，人口減少が進む郊外部の公共施設を廃止する場合を想定してみましょう。都市のコンパクト化の便益は，利用者の少ない郊外部の公共施設の維持管理費用の節約に伴う税負担の軽減だと考えることができます。この便益は，①現在の都心コミュニティの住民，②現在の（公共施設の廃止が行われる）郊外コミュニティの住民，③将来の全住民に対して発生します。しかし，都市のコンパクト化に伴って発生する，引っ越し費用や遠くの公共施設を利用するためのアクセスコストを支払うのは，②現在の郊外コミュニティの住民のみです。このため，これらの住民の純便益が負となってしまいます。これが，郊外の住民がコンパクト化を受け

入れられないことの大きな原因です。

例えば公共施設廃止・統合によって発生する，郊外コミュニティ住民の移転費用やバス路線の整備など**アクセスコスト**の一部を，都心コミュニティ住民も負担するという決定がなされたとしましょう。負担の平準化は郊外コミュニティの住民の判断を変えるかもしれません。

また公共施設の廃止に伴う税負担の軽減による便益は，③将来の全住民にも発生することに目を向けるべきでしょう。人間の心理的特性を踏まえた行動経済学の知見から，人間は驚くほど将来の価値を低く見がちであることがわかっています。将来の子孫の便益と，現在の自分の公共施設へのアクセスコストを交換するようなコンパクトシティ化を，地域住民が受け入れがたいのは当然なのかもしれません。そのような意味において，これからの都市政策は，将来の住民や子孫の利益を（仮想的にでも）代弁する主体を参加させる政策決定の工夫が求められます。これについては第14章で解説します。

3.2 スマートシティ

今**スマートシティ**と呼ばれる，都市運営にテクノロジーを全面的に導入する取り組みが，大きな注目を集めています。例えば，つくば市においては，新しいモビリティを活用した移動・物流サービスの提供，インターネット投票の実施による政治参加の促進，マイナンバーカードを活用した幅広い分野の行政手続きのデジタル化などが検討されています。

しかしこのような取り組みには，地方部でも大きな期待が寄せられています。それはテクノロジーの導入が，集積のある地域への性急な移動を必ずしも必要としない，スマートローカルを実現してくれるかもしれないという期待に基づいています。例えば，長野県の伊那市では高齢者が日ごろから親しんだリモコン操作で，ドローンによる買い物，タクシー利用，安否確認などができるようになっています。

3.3 空き家対策

日本の空き家総数はこの20年で約1.5倍（576万戸→849万戸）に増加しました。空き家自体が社会にとって好ましくないものでしょうか。そのようには断言できません。どんな社会でも人口移動を可能にするためには，移動先の住居としての空き家の存在が必要です。

しかし，人口移動を容易にするための空き家でも，セカンドハウスのように豊かな住生活を実現するための空き家でもない，いわゆる「**その他空き家**」と呼ばれる空き家があります。人口が減少している地域においては，人口減少率が高いほどその他空き家率（その他空き家戸数／全住宅戸数）が高い関係がみられます。一方，人口が増加している地域においては明確な相関は観察されません。人口増加地域では，それに合わせて住宅が建てられるものの，人口減少地域では，耐用年数の長い住宅という財はすぐには除却されません。このため，人口減少率が高くなればその他空き家率が高くなるのです。中川［2023］によれば，2013〜2018年の人口が1％減少した場合，その他空き家率は約0.5％上昇し，2013年のその他空き家率の約6割が5年後の2018年に持ち越されていることがわかりました。

すべての地域において，人口増加のピークに合わせて住宅ストックが形成されています。それを縮小するスピードが，人口減少のスピードよりも遅いということを考えれば，当然の現象として，地方部を中心とした居住目的のない空き家の増加が続きます。居住目的のない空き家に適切な管理が行われない場合には，周囲に衛生上，防犯上，防災上の外部不経済が発生し，地域環境が悪化します。このため，「減る人口」と「既にある住宅ストック」の調整速度を上げるための方策が採られるようになりました。2015年に空家対策特別措置法が成立し，管理状態が非常に悪い空き家に対して，行政代執行を含む強い介入が可能になりました。

4 人口減少時代の計画の役割

4.1 国土計画の必要性

これまでに，東京一極集中是正，コンパクトシティ，スマートシティ，空き家対策など，広範な政策を議論してきました。これら個々の政策自体は，重要な背景と意味を持つものですが，総体として整合的なのでしょうか。

日本は急速で大規模な人口減少を，高齢化を伴いながら，経験しなければなりません。そのような中で豊かな生活を享受するためには，高い生産性の保持と，イノベーションによる創造が行われ続ける必要があります。経済学は集積の経済を発揮することのできる都市という環境が，生産性の確保のためには必須だと考えています。

異次元の少子化対策によって出生率が「今」上がったとしても，30年後には1億人を割るだろうとされている人口減少をすぐに止めることはできません。人口減少は労働投入量の低下を意味しますから，日本の生産力にネガティブな影響を与えます。しかし，集積を促進することは可能なのではないでしょうか。そのような意味で，東京一極集中の是正という名の下に行われる施策について，筆者は非常に懐疑的です。逆に，コンパクトシティ政策は困難であろうとも実現しなければならない施策だと考えています。

しかし，日本全体の集積を高めるためには，今人が住んでいたり，生産活動が行われている地域を再編しなければなりません。それはすぐに可能なものでも，その地域の人が感じる痛みを放っておいていいものでもありません。この日本の集積を高める過程で発生する痛みやコストを低下させる政策として，空き家対策，スマートシティ，高齢者へのサービス提供体制の整備などが行われる必要があります。

このような全体のストーリーを具体的に表現する**空間計画**は，今の日本には存在しません。かつて経済成長率が高く，人口増加率も高い時代に，国土総合開発計画という大きなストーリーの共有を行う手段が存在しました。政

治的な合意が極めて困難なものだとしても，人口減少が行きついた先の国土のイメージを共有しない限り，緩やかな災害としての人口減少に我々は飲み込まれてしまうことにはならないでしょうか。

4.2 負のショックに応じた計画

なぜ人口減少という負のショックに応じた計画という，国民の間の将来ビジョンの共有が行われていないのでしょうか。それは利得方向には危険回避的であるが，損失方向には危険愛好的であるという「人間の認知のくせ」が大きな役割を果たしています。ここでは，まず行動経済学を扱った書籍や論文で多数触れられているトヴェルスキー（Tversky, A.）とカーネマン（Kahneman, D.）の実験を紹介します。これはアジア病という伝染病が大流行し，このままでは，その地域の600人の住民が死亡すると予想されているため，2つの対応プログラムを用意したという前提で，2つのタイプの問いを発しています。

● タイプ1の問いでは，下記の条件下でプログラムを選択させています。「プログラムAを採用した場合，200人が助かる。プログラムBを採用した場合，1/3の確率で600人全員が助かり，2/3の確率で1人も助からない。」

● タイプ2の問いでは，下記の条件下でプログラムを選択させています。「プログラムCを採用した場合，400人が亡くなる。プログラムDを採用した場合，1/3の確率で1人も死亡しないが，2/3の確率で600人全員が死亡する。」

落ち着いて考えればすぐわかるように，このうちプログラムAとC及びプログラムBとDは全く同じ効果をもたらします。異なるのは，タイプ1の問いでは「感染者が助かる」という文脈でプログラムを選択させているのに対し，タイプ2の問いでは「感染者が死亡する」という文脈でプログラムを選択させている，という点だけです。

この実験の結果，タイプ1の問いではプログラムAが72％の回答者から

選択された一方で，タイプ2の問いではプログラムDを78％の回答者が選択しています。このように，「利得を得る」という文脈の下においては，人々は**危険回避的**になり「確実に200人助かる」ことを選びますが，「損失を被る」文脈では人々は**危険愛好的**になり「全員助かる場合もあれば，全員死亡する場合もある」ことを選んでいます。これはどういうことでしょうか。行動経済学では，このような実験結果を**プロスペクト理論**という人々の利得と損失の認識の仕方によって説明しています。

図表11－5においては，縦軸に「価値」と呼ばれる人々の利得や損失に対する認識を示しています。横軸の真ん中の**参照点**とは，現在の状態だと考えてください。この価値関数の特徴は，①人々は同じ規模の利得と損失であれば，損失の方を大きく評価する（「1の利得＝価値0.5」である一方，「1の損失＝価値-1」），②利得方向には曲線が凹（利得が大きくなるにつれて，傾きが小さくなっていく）であり，損失方向には曲線が凸（損失が小さくなるにつれて，傾きが大きくなっていく）というものです。

図表11－5では参照点から横軸に沿って右方向に，「現在の状態」から

図表11－5 ▶▶▶プロスペクト理論の解説

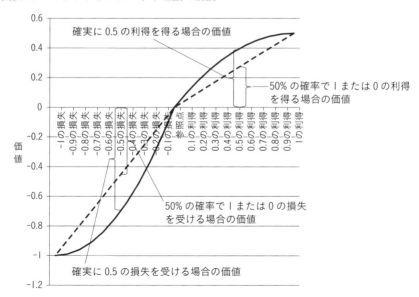

どれだけの利得が得られたのかが測られています。そして実線はその時にどれだけの「うれしさ」を感じたのかを示しています。例えば確実に 0.5 の利得が得られる場合は，0.4 弱の「うれしさ」を感じます。一方，50％の確率で利得がないが，50％の確率で 1 の利得がある場合は，どの程度の「うれしさ」を感じると考えればいいでしょうか。利得の大きさだけを考えれば，（0×0.5）＋（1×0.5）＝0.5 と期待値は一緒です。

しかし，「うれしさ」についてはどうでしょうか。経済学では，その「うれしさ」を，0.5×（何も得られない場合のうれしさ）＋0.5×（1 の利得が得られた場合のうれしさ）で計算できると考えます。**図表 11 − 5** ではこの「うれしさ」の期待値は，参照点と 1 の利得の実線の値を結んだ，点線の中点で表されています。0.2 を少し上回る程度の「うれしさ」しか感じられないようですから，利得の大きさだけを考えれば 0.5 で一緒ですが，より大きな「うれしさ」を感じられる確実な選択をこの場合人々は選ぶことになります。

一方，参照点から横軸に沿って左方向には，現状からの損失が測られています。そして実線は，その時の「痛み」を表していると考えましょう。利得の場合と同じように考えれば，0.5 の損失に対応する実線の値は，確実に 0.5 の損失を受けるときの「痛み」を，点線の中点は 50％の確率で何も損失を被らないものの，50％の確率で 1 の損失を被る場合の「痛み」の期待値を表すと考えることになります。この場合，**図表 11 − 5** から明らかなように確実な損失の「痛み」の程度（実線の値）が大きくなっていますから，人々はそのような選択肢を選びません。

つまり，人々は利得方向においては危険回避的になります。一方，損失方向においては人々は危険愛好的になります。人口減少で地域が維持できないという文脈の中では，「（確実に）コストを支払えば（確実に）その地域の維持可能性を高めるコンパクト化」という選択肢よりも，「人口減少しても何も困らないかもしれない」という「いちかばちか」に賭けることになります。

このような人間の認知の特性を踏まえた人口減少時代のビジョンの示し方は，現状（C）に比べて損失が生じる（E'）文脈で，リスクを軽減する様々

図表 11－6 ▶▶▶ 人口減少時代にふさわしいビジョンの示し方

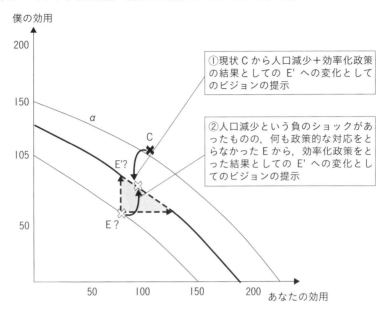

な政策の提示ではないかもしれません（**図表11－6の①**）。つまり、**図表11－6の②**のように、何の対応もしなかった場合（E）を参照点にして、それを回避するために政策を講じた後に生じる利得とそれの再分配に関するビジョン（E'）を提示することで、損失を国民の間で分担する政策の受け入れ可能性が高まるのではないでしょうか。

Working　　　　　　　　　　　　　　　　　　　　　　　　調べてみよう

　人口減少とともに，日本は急激な少子高齢化が進む。高齢者の福祉，介護，医療サービスを支える人口的な環境としては，その地域の生産年齢人口と高齢者人口の比率，その地域の高齢者の人口密度が考えられる。その理由を考察するとともに，将来市町村別のそれらの人口的な環境がどう変化するかを調べてみよう。

Discussion　　　　　　　　　　　　　　　　　　　　　　　議論しよう

　政府は今，地域包括ケアシステムという，住み慣れた地域で高齢者への総合的なサービスを提供することを目指している。Working の結果を踏まえて，それが実現可能かを議論してみよう。

Training　　　　　　　　　　　　　　　　　　　　　　　解いてみよう

1．都市再生特別措置法で導入された立地適正計画の内容を確認して，それをコンパクトシティの推進という観点から評価しなさい。
2．空家対策特別措置法の内容を確認して，それをコンパクト化の痛みの緩和という観点から評価しなさい。

▶▶▶さらに学びたい人のために

● 中川雅之［2008］『公共経済学と都市政策』日本評論社。
● 中川雅之［2022］『財政学への招待』新世社。
● 山崎福寿・中川雅之著，土地総合研究所編［2020］『経済学で考える人口減少時代の住宅土地問題』東洋経済新報社。

参 考 文 献

● 八田達夫［2009］『ミクロ経済学Ⅱ』東洋経済新報社。
● 石橋章市朗・佐野亘・土山希美枝・南島和久［2018］『公共政策学』ミネルヴァ書房。
● 中川雅之［2023］「外部不経済対策としての空家対策から市場構造政策へ」『日本不動産学会誌』37(3)，13-18 頁。

第12章 費用便益分析のアップデート

Learning Points

▶ PPBS など，公共政策の効率化，合理化を図ろうとした試みはなぜ失敗したのか。

▶ 費用便益分析とは何か。どのような手法があるのか。

▶ 広義の経済効果とは何か。従来の評価と何が異なるのか。

▶ 人口減少時代のインフラ政策を考える上で，広義の経済効果の評価はどのような意味を持つのか。

Key Words

PPBS　消費者余剰法　ヘドニック法　CVM 法　広義の経済効果

　第Ⅱ部でみてきたのは，我々の社会は，

- 何らかの最適性（例えば社会的余剰の最大化）を保証する集団的意思決定方法も，

- すべての人が納得しそうな（例えばコンドルセ勝者を常に選ぶ）「合意」を達成する現実的な集団的意思決定も

持っていないということでした。だとすれば，集団的意思決定における客観的，技術的な情報提供と公開の重要性は強調されてしかるべきでしょう。第12章と第 13 章ではこの客観的，技術的に判断に関する，様々な政策技術を紹介します。

　客観的，技術的な公共政策の決定にあたって，第二次世界大戦前後から大きな注目を集めたのが，**オペレーションズリサーチ**（以下 OR という）です。今でも，OR は生産管理や物流計画などの企業経営における有力な管理手法として，活用され続けています。この OR を公共政策の決定においても適用することが期待されました。OR を公共政策の決定に適合させる形で，米国

199

のランド研究所で**システム分析**という手法が開発されました。システム分析は，問題の目的を明確化した上で，長期にわたる複雑な問題について，この章で解説する費用便益分析などをもとに，代替案を体系的に比較・検討し，選択していく体系として確立されました。

　ケネディ政権で国防省長官となったマクナマラ（McNamara, R. S.）は，国防省の政策決定過程に，システム分析を積極的に活用した**PPBS**（Planning Programing Budgeting System）を導入しました。国防システムの長期計画策定において，多くの研究者が動員され分析が行われ，費用・効果面から政策選択が行われました。この試みが一定の成果をあげたことから，1968 年度からジョンソン政権では，PPBS を国家予算全体に導入しました。

　しかしこの試みは，わずか 3 年で廃止されることになりました。この失敗の原因として，様々な指摘が行われています。第 1 の指摘は，国防省では一定の成果をあげたにもかかわらず，連邦政府全体の公共政策決定には力を発揮しえなかったという点に注目します。つまり，PPBS は省庁間の独自性や利害対立などを克服する仕組みが十分に用意されていなかったため，政府全体の資源配分の効率化を達成できなかったというものです。

　第 2 の指摘は，公共部門でシステム分析を全面的に取り入れることのコストに関するものです。それらを担う分析スタッフや資金が，十分に用意されていなかったと言われます。そのような高度な分析作業のみならず，分析過程では膨大な事務作業が必要になり，それは既存の公共部門の組織に大きな負荷を与えたと言われます。この点は，次節以降説明する様々な客観的，技術的な政策技術の採用にあたっても，公共部門の現場の負荷を十分に考えなければならないという教訓を与えます。

　第 3 に，公共政策の決定にあたっての政治の機能を十分に組み込んだ仕組みにはなっていなかった，という指摘があります。本章と次章で紹介するような客観的，技術的評価は，対象とする公共政策の効率性の評価に大きな力を発揮します。しかし，公共政策の決定においてもっと重要なのは，その公共政策によって発生した便益と費用が誰に帰着するかということと，その利害調整かもしれません。それが政策の受容性に大きな影響を与えるからです。

このため，そのような機能を担う政治との調整を軽視することができないのは当たり前です。さらに，客観的，技術的評価は，特定の政策分野内の適切性を客観的，技術的に判断する技術にとどまっています。それを超えた分野間の比較，調整については，必ずしも十分な答えが用意されているわけではありません。

当時はアカデミズムでも**政策科学**と呼ばれる，政策決定プロセスの科学化を求める研究が大きな流れを形成しました。しかしその後，政治的なプロセスにも目配りされた，より学際性の高い公共政策学などのアプローチが続けられています。

このように，公共政策の企画立案を，「科学」を志向する政策技術に全面的に頼ることは不適切でしょう。しかし，そのような政策技術は依然として公共政策決定の主要な手法になっています。例えば PPBS の大きな柱であった**費用便益分析**は，現在も，公共財供給の判定基準として普遍的に使用されています。そして，公共政策の効果をより広い視点からとらえようとする試みや，因果関係に基づいてより正確な評価を行おうとする試みが行われています。

まず，本章で公共政策の効果をより広い視点からとらえようとする費用便益分析の新しい技術の解説を行い，次章で因果関係に基づいたより正確な評価を行う政策技術の紹介を行うこととします。

1 費用便益分析

1.1 費用便益分析とは

まず，費用便益分析の基本的な枠組みを解説します。費用便益分析とは，評価対象プロジェクトの便益 B とコスト C を双方とも貨幣換算し，$B - C > 0$，$B / C > 1$ を目安として，公共財供給の是非を判断することです。

プロジェクトは，通常，初期（0期）に大きなコスト C_0 が発生するものの，

0期，1期，2期…と長期にわたって便益 B_0，B_1，B_2…が発生するという性質を備えています。このことを勘案すれば，便益とコストを同じ時点の価値に換算し直して比較を行うことが必要になります。なぜなら，将来（1期）の100円は，現在（0期）の100円よりも少ない価値しか持たないからです。利子率が10%の場合，0期の100円は1期の $(1 + 0.1) \times 100$ 円 = 110円，2期の $(1 + 0.1)^2 \times 100$ 円…と等価であり，逆に1期の100円は0期においては $100 / (1 + 0.1)$ 円の価値，2期の100円は $100 / (1 + 0.1)^2$ 円の価値しか持たないことになります。このため，0期のみにコストがかかるプロジェクトについては，そのコストは素直に $C = C_0$ として受け止めることができますが，便益の方は $B = B_0 + B_1 / (1 + i) + B_2 / (1 + i)^2$… として，1期以降の便益を0期の価値に直して合計してから，$B - C$ または B / C を計算する必要があります。ここで i は**時間割引率**と呼ばれ，実務的には長期利子率が用いられることが多いです。

　大きな問題は，コスト C の貨幣価値を把握するのは容易であっても，公共財は市場で取引されない非市場財であるため，その便益 B を**貨幣換算**することは困難だということです。例えば道路整備プロジェクトで，○ km 整備されたこと自体はわかりますが，道路サービスの提供は市場で取り扱われないため，その価値はわかりません。このため様々な手法が考案されています。以下では，主要な便益の測定手法を紹介します。

1.2　主要な費用便益分析手法

1.2.1　消費者余剰法

　消費者余剰法は，あるプロジェクトが実施された場合（with）と実施されない場合（without）の，国民の消費者余剰の大きさの違いによってプロジェクトの便益を評価する手法です。

　例えば，交通投資を行うことによって，交通サービスを消費する際に生じる費用（道路を走行する際の時間費用，燃料費などのすべての費用）が低下

図表12−1 ▶▶▶ 消費者余剰法の概念

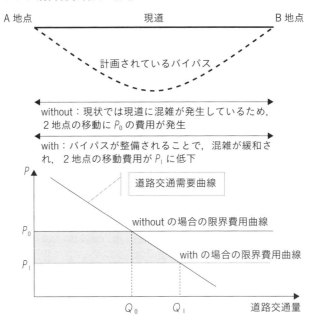

すれば，消費者余剰が増加することが予想できますよね。その増加分で，交通投資の便益を計測する手法がこれにあたります。

A地点からB地点をつなぐ道路が1本しかなかったため，道路が混雑してその移動に長い時間がかかっている状況を想像してみてください。そこにもう1本のバイパスを整備することで，2地点間の移動時間が短縮されたものとしましょう。**図表12−1**では道路投資を行うことで，道路サービスを消費する際の費用が低下（$P_0 \rightarrow P_1$）し，それに伴い道路交通量が増加している状況（$Q_0 \rightarrow Q_1$）が描かれています。この場合，**図表12−1**の網掛け部分で示された消費者余剰の増加分は，道路の整備により移動時間が短縮されることで発生する便益を指します。

移動時間の短縮が社会的余剰の増加に結び付くことは，理解できましたが，実際に重要なのはその便益を貨幣価値で表すことですよね。ここで移動時間というのは，機会費用，つまり移動がなければ何らかの付加価値生産に携わることができたのに，それができなくなった社会にとってのコストだと考え

ましょう。時間当たりのコストは失われた付加価値生産，つまり賃金相当分だと考えます。このため，移動時間の短縮の貨幣化については，近似的に，車種別の時間価値原単位×走行時間短縮×交通量として算出します。それを，バイパス整備の便益と考えます。

1.2.2 ヘドニック法

資本化仮説をもとに，環境条件の違いが，どのように地価あるいは住宅価格に反映されているかを観察し，環境条件変化の価値を評価する手法です。公共財が供給されることで，その地域は便利になったり，居住環境が向上することで，そこに住みたいという人が増加します。このため，地価が上昇し，住宅価格も上昇します。資本化仮説というのは，公共財の便益も，第2章で学んだ道路交通による騒音などの外部不経済もすべて，整備地域の地価に反映されると考える仮説です。ただしこの仮説が当てはまる公共財は，便益の及ぶ範囲が，整備された地域の近傍，一定のエリアに収まっている地方公共財と呼ばれるものに限られることに注意してください。

このため，例えば公園整備などの環境改善投資が行われた，事前，事後のデータを比較したり，環境改善投資が行われた地域と行われなかった地域のデータを比較して，環境改善投資がどの程度地価に影響を与えているのかという地価関数を推定します。その地価関数を用いて，評価対象の環境改善投資が地価や住宅価格をどの程度上昇させるかを推定するのです。このことにより，公園整備などの便益を予想します。

1.2.3 仮想市場評価法（CVM）

仮想市場評価法とは，個々の消費者に現にある優れた環境について，どの程度評価しているかをアンケート等で直接尋ねる手法です。他の手法の適用が不可能な，**非利用価値**，**存在価値**の計測に関して有効とされています。

非利用価値，存在価値って何でしょうか。僕は富士山に登ったことはありませんし，おそらく一生登らないのではないかと思っています。しかし，僕は自分の住んでいる国に，富士山という美しい山があるのは「いいことだ」

と思っていますし，富士山の自然環境は保護されるべきだと考えています。しかし，自然環境の保護にはお金がかかります。どのくらいのお金をかけて，あるいはどの程度の規制により自然環境保護を行うべきかを考える場合には，国民が「富士山の存在」にどれだけの価値を見出しているかを評価しなければなりません。

　具体的には，評価対象である自然環境や，その自然環境保全に関する政策プログラムの説明が行われ，その政策プログラムに関する調査対象者の支払い意思額などが尋ねられます。また，最後に調査対象者が，政策プログラムの内容を正しく理解しているか，まじめに回答しているかなどに関するフォローアップ調査が行われます。

　このようなアンケートに依拠する調査手法の有効性について，疑問を投げかける人も大勢います。実際，タンカー事故によるアラスカの大規模な環境破壊がもたらされた**バルディーズ号事件**では，損害額の仮想市場評価法（CVM：Contingent Valuation Method）による評価の信頼性が裁判で争われました。その際，アロー（Arrow, K. J.），ソロー（Solow, R. M.）などを構成委員とする仮想市場評価法の適用可能性を検討する委員会は，「厳しいガイドラインの下で，注意深く仮想市場評価法を適用すれば，その結論を環境破壊の被害に関する裁判の証拠として用いることができる」という結論を出しています。

2　広義の経済効果の評価

　インフラ整備を行う際には，基本的に費用便益分析のような事前評価が行われることになっています。これを個々に積み上げていけば少なくとも「無駄な投資」は起こらないように思われます。

　しかし，第11章では人口減少時代の日本では，集積を促進して，豊かな生活を支える生産性を維持することが強調されました。集積を促進する手段には，居住や都市機能を特定の地域に誘導する都市計画，逆に大きな建築物

を許容する規制緩和などの他に，交通関連投資を挙げることができます。しかし，交通関連投資による時間短縮効果の評価をいくら積み重ねても，それがもたらす集積の効果を適切に評価することはできません。以下では人口減少時代にふさわしい，アップデートされた費用便益分析手法を紹介します。

現在英国を中心に，Wider Economic Impacts（WI）（**広義の経済効果**）という，交通関連投資が生産性に与える影響を明示的に評価する試みが行われつつあります。この広義の経済効果の評価は，正確なプロジェクト評価を実現するという以上に，人口減少，少子高齢化時代の日本のインフラ政策に重要な示唆を与える可能性が高いと考えられます。

2.1 広義の経済効果とは

これまで解説してきたように，交通関連投資，例えば道路などの事業評価では，それを利用する家計や企業が，どの程度の移動時間を節約できるかを貨幣化して評価を行ってきました。これを**直接便益**と呼びます。英国のDepartment for Transport［2005］では，従来の事業評価では反映されなかった広義の経済便益として以下のものを挙げています。

①集積の経済
②競争促進効果
③不完全競争市場における生産拡大効果
④雇用改善に伴う経済便益

実際に Crossrail と呼ばれるロンドンの都市鉄道整備の評価においては，以上の広義の経済便益が評価され，

従来の時間節約効果	12832 £m
集積の経済	3094 £m
競争促進効果	0 £m
不完全競争市場における生産拡大効果	485 £m
雇用改善に伴う経済便益	3580 £m

という結果を得ています。以下では人口減少下の公共政策で特に重要と考え

られる,「集積の経済」を中心に解説します。

2.2 広義の経済効果評価の理論

2.2.1 直接便益の評価で十分なのか

それでは,前小節で解説した広義の経済効果は,理論的には何を測っているものと位置づけられるのでしょう。そもそも交通関連投資の便益は基本的には,直接便益を計測すれば足り,広義の経済効果のような間接便益をそれに重ねて計測することは二重計算になるとされてきました。

例えば,図表12-2において,上図にある財の需要曲線と供給曲線を,

図表 12-2 ▶▶▶直接便益と間接便益の関係(完全競争市場)

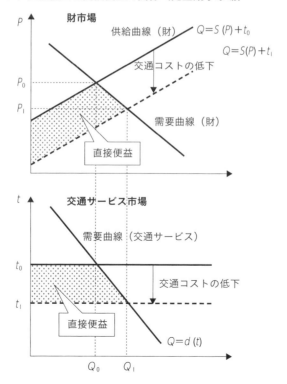

下図にその財の生産に必要な交通サービスの需要曲線と，限界費用曲線を描いています。2つのグラフとも，横軸は財の量（上図は生産量，下図は流通量）をとっています。ここでは交通関連投資を行うことで，下図の限界費用の低下（$t_0 \rightarrow t_1$）を通じて，上図の供給曲線の下方シフトがもたらされたものとしましょう。その結果，下図のドットが付された部分で示されている，交通市場における消費者余剰の増大は，上図の総余剰の増大部分と一致しています。

このため，交通市場において計測された直接効果を計測することは，基本的には交通サービスを利用している財市場への影響も含めてすべての便益を測りつくしているものと考えられてきました。

2.2.2 集積の経済と交通関連投資

交通関連投資の評価にあたって，集積の経済を評価するのは，交通関連投資が，労働力や企業の集積を実態上もたらしており，**集積の経済**により生産性の上昇をもたらしているという考えが背景にあります。集積の経済とは前章で解説しましたが，第2章で解説した外部経済の1つで，人や機能の集積することで，生産性が上昇する効果を持つことを指します。

図表 12-3の4つの小さい三角形からなる大きな三角形は，1つの都市を示しているのだと受け止めてください。真ん中の三角形が都心です。三角形は地域を，その色は就業者密度を示すものと考えてください。色が濃いほど，就業者密度が高いことを表しています。地域の生産性は，就業者の密度の高さに支えられていると考えられています。就業者密度が高いほど，インフラ等共通で使用するものの負担は低くなるし，フェイスツーフェイスコミュニケーションを通じたイノベーションなども促進されます。

このため都心1よりも就業者数の多い，つまり就業者密度が高い都心2の方が生産性が高くなるのです。しかし，実際に都心の就業者数を増やさなくても，交通インフラでネットワーク化することで，実態上の就業者密度を上げることができます。そのイメージが都心3として示されています。

集積の経済はこの効果を評価したものと位置づけることができます。

図表12−3 ▶▶▶交通関連投資が集積の経済に与える影響（イメージ図）

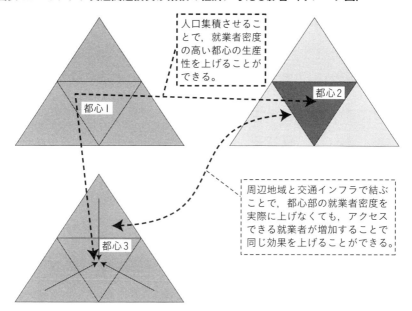

　ⅰ．都心3のイメージで描かれたような交通関連投資の実施によって，実態上の就業者密度（**実効集積**）がどの程度上がるのかを推測します。
　ⅱ．それに，産業ごと，地域ごとに異なる，就業者密度の上昇が生産性の向上に結び付く程度を表すパラメータ（**集積の弾力性**）を乗じます。

これにより，交通関連投資が集積を促進することを通じて与える生産性への影響を計測しようとしています。

2.2.3 直接便益の評価だけでは不十分な理由

　2.2.1 で述べた，直接便益ですべての効果が測りつくされていると考えることができるのは，市場の失敗がないケースに限られます。集積の外部性がある場合は別です。**図表12−4a**においては，交通関連投資が行われる前の都市の均衡が描かれています。

　都市に住んで，都心で行われる集積の経済を活かした生産活動に従事することによって，非都市の賃金に生産性向上分を上乗せした所得を得ることが

できるものとします。都市に住む便益はこの所得の上昇分です。しかし，都心にアクセスするためには，横軸に示した就業者の数によって表される都市の規模に応じて，上昇する交通費用を支出する必要があります。都市に住むコストが，この交通費用と地代だとしましょう。都市の各地点で住民が支払ってもいいと考える最大限の地代は，所得の上昇分と交通費用の差額分になります。これを**付け値地代**といいます。

　交通費用と賃金格差が交差する X で，この付け値地代が 0 になります。つまり，X よりも遠い地点では都市に住むコストが便益を超過しますので，ここで都市規模が決定されます。ここでは，集積の経済を考えずに都市の規模にかかわらず，賃金格差は一定としています（**図表 12 － 4 a**）。

　次に交通関連投資が与える影響を，**図表 12 － 4 b** で確認します。交通関連投資は，交通費用曲線を下にシフトさせます。このことによって，都市規模は X^* に拡大します。この場合，交通費用の増加分は□η － △α で表すことができます。一方，都市が拡大することによって，生産物の増加分は△β ＋□η として表せます。後者から前者を差し引くことによって，交通関連投資がもたらす余剰の増大分は，灰色で網掛けされた△α ＋ △β となりますね。伝統的に費用便益分析などで計測されてきた，**時間節約効果**はこの部分を計測したものです。

　ここで，集積の経済という外部性がある世界を考えます。つまり都市規模に応じて賃金格差は上昇するものとします。このことは，**図表 12 － 4 b** では賃金格差が都市規模にかかわらず一定であったのが，**図表 12 － 4 c** では太い破線のように，都市規模に応じて賃金格差が上昇していることで表されています。この場合交通投資を実施して都市が拡大（$X \rightarrow X^*$）することにより，δ 分の生産物の増加がもたらされます。このため交通関連投資の効果は，**図表 12 － 4 c** の灰色で網掛けされた部分，△α ＋ △β ＋□δ となります。このように，集積の経済に伴う外部性などが発生している場合には，交通関連投資に伴う直接便益だけではその投資による便益 δ を計測し切れていないこととなります。

　このため英国では広義の経済効果も交通関連投資の評価に反映させ始めて

図表 12 − 4 ▶▶▶ 直接便益と間接便益の関係（集積の経済）

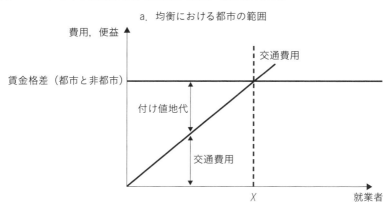

a．均衡における都市の範囲

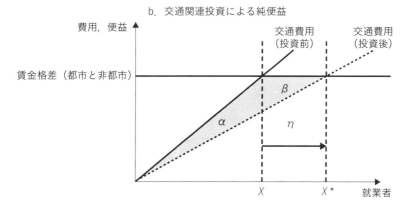

b．交通関連投資による純便益

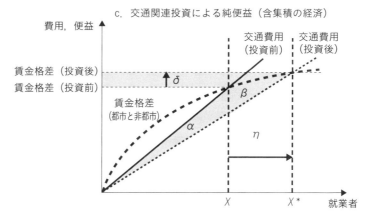

c．交通関連投資による純便益（含集積の経済）

出所：Venables [2007] より筆者作成。

います。しかし、この広義の経済効果の評価の精度は、直接便益に比較して必ずしも高いものではありません。一方、計測のためのコストも比較的高い状況にあります。このため、対象プロジェクトなどを限定し、現場の負担をできるだけ軽減する体制の整備が重要です。

　繰り返しになりますが、広義の経済効果のうち、集積の経済にかかるものは、交通関連投資がどれだけ就業者密度を引き上げるのかを予測し、1単位の集積が生産性の向上に結び付く程度を表すパラメータ（集積の弾力性）を乗じて評価されます。そのパラメータは、産業ごと、地域ごとに異なります。例えば、集積の弾力性は第3次産業において高いことが計測されています。英国では、現場でこのような評価を行うコストを軽減するため、産業ごと、地域ごとのパラメータをTAG（Transport Analysis Guidance）というガイダンスで公開しているほか、どのようなデータを評価に用いるべきか、地域の土地利用の変化を前提にするならば、どのようなモデルを使うべきかについても詳細な情報提供を行っています。

3　人口減少時代の評価システムとしての意義

　前節で述べた広義の経済効果を費用便益分析に反映させることは、今後のリーディング産業と期待され、集積の経済が大きな役割を果たす知識集約産業の立地場所としての、都市のインフラ投資の適切な評価を行うことにつながります。

　これまでは、費用便益分析による評価では必ずしも大きな差異がない複数の路線がある場合、政治的判断に寄せる形で、優先順位を決めざるを得ない場面が想定されました。しかし、集積の経済を客観的に評価することで、エビデンスに基づく地域振興ビジョンに沿った交通関連投資が可能となるのではないでしょうか。

　また、民間都市開発を促進するために、これまでにも様々な容積率緩和などの規制緩和措置が採用されてきました。その場合「どこで規制緩和が行わ

れるか」については，民間開発が予定されている場所等，都市全体の視点からはアドホックに決められてきたというのが実情ではないでしょうか。集積の経済の客観的な評価を行うことで，ⅰ）既存の交通インフラを与件とすれば，どこで規制緩和を行うことが集積の経済をもたらすか，ⅱ）新しい交通関連投資と規制緩和をどのような組み合わせで実施することが，集積の経済をもたらすのか，を事前に判断することが可能になります。

このように広義の経済効果を導入することは，大都市圏の生産性を引き上げるインフラ政策にとって，不可欠な措置と考えられます。

Working　　　　　　　　　　　　　　　　　　　　　調べてみよう

図表12－1，図表12－4を用いて，人口減少によって，交通インフラの事業評価はどのように変化するのかを考えてみよう。

Discussion　　　　　　　　　　　　　　　　　　　　議論しよう

Workingの結果を踏まえて，既に決定しているインフラ整備計画に沿って，（人口減少が予測されるにもかかわらず）インフラ投資を行い続けることの是非を議論してみよう。

Training　　　　　　　　　　　　　　　　　　　　解いてみよう

		今年	1年後	2年後	3年後
道路事業	コスト	1100			
	便益		500	500	500
都市再開発事業	コスト	100			
	便益		100	30	0
自然環境保全	コスト	60			
	便益		0	0	100

上表のプロジェクトに関して費用便益分析を行う場合，それぞれの事業についてどのような方法で評価を行うことが適当かを答えなさい。さらに，利子率が10%の場合，それぞれの事業の実施が支持されるのかを述べなさい。利子率が

213

20%の場合はどうか。

▶▶▶さらに学びたい人のために

- ●秋吉貴雄・伊藤修一郎・北山俊哉［2020］『公共政策学の基礎（第3版）』有斐閣。
- ●中川雅之［2022］『財政学への招待』新世社。
- ●山崎福寿・中川雅之著，土地総合研究所編［2020］『経済学で考える人口減少時代の住宅土地問題』東洋経済新報社。

参考文献

- ●金本良嗣［2013］「集積の経済と交通投資の幅広い便益」『集積の経済を考慮した都市，交通分析─政策分析への応用』公益社団法人交通政策研究所，1-27頁。
- ●中川雅之［2018］「インフラの経済効果をより広義にとらえる」『インフラを科学する』柳川範之編著，中央経済社。
- ●八田達夫・唐渡広志［1999］「都心のオフィス賃料と集積の利益」『季刊 住宅土地経済』1999年秋号，10-17頁。
- ●Department for Transport［2005］"Transport, Wider Economic Benefits and Impacts on GDP," Discussion Paper.
- ●Department for Transport［2014］"Transport Analysis Guidance（TAG）Unit A2.1（Wider Impacts）".
- ●Graham, D. J.［2005］"Wider Economic Benefits of Transport Improvements: Link between Agglomeration and Productivity, Stage 2 Report," Department for Transport.
- ●Venables, A. J.［2007］"Evaluation Urban Transport Improvements: Cost-Benefit Analysis in the Presence of Agglomeration and Income Taxation," *Journal of Transport Economics and Policy*, Vol. 41, pp.173-188.

第13章 実験的評価手法

Learning Points

▶公共政策の効果を評価するのに，なぜ単純なクロスセクション比較，時系列比較等では正確な評価が行われないのか。

▶実験的手法による評価にはどのようなものがあるのか。それぞれの手法にはどのような長所と短所があるのか。

▶実験的な環境を利用した評価方法にはどのようなものがあるのか。

Key Words

実験室実験　RCT 実験　サーベイ実験　監査調査法　DID

　実施されようとしている公共政策が適切なものかを評価するだけではなく，政策が実施されたあとに評価を行い，効果を上げていない政策はその改廃につなげていくことが必要です。2002 年の政策評価法（行政機関が行う政策の評価に関する法律）の施行に伴い，**PDCA**（Plan-Do-Check-Action）のマネジメントサイクルの中で，政策の企画立案を行うというプロセスが定着しました。

　また，これまでも日本では，政策を評価する手法として，モデル事業としてやってみて（**デモンストレーション**），**時系列比較**や**クロスセクション比較**，または専門家による評価等を通じて，一般施策化が図られてきました。近年は，社会実験，規制改革に関する各種の特区など，政策の企画立案，実施に，制度としてデモンストレーションを前置する仕組みが設けられています。

　しかし，用いられている評価手法に正確性を欠くため，評価結果を一般化するためには，大きなバイアスを抱えているように見えます。今後の政策の企画立案にあたっては，以下で解説する**実験室実験**や **RCT 実験**（Randomized Controlled Trial）などの，検出したい因果関係に影響を与える各種要

因に対する，制御可能性が高い技術を用いることが推奨されます。

1 従来の政策評価手法

　モデル事業を実施して，その成果を踏まえて，本格的な事業実施の是非を判断するという行政手法は，広く用いられています。通常は，下記のようなクロスセクション比較，時系列比較，専門家による評価がアドホックに組み合わされて評価されてきました。しかし，そのような評価手法は大きなバイアスを抱えていることが知られています。

1.1 クロスセクション比較

　クロスセクション比較の理念型は，「複数グループや地域間のサービス投入量と改善効果の量のばらつきを利用して，インパクトを評価する評価手法」です。しかし，実際によく用いられている手法は，自己選択の結果も含めて，プログラムを実施した者と実施しなかった者を単純に比較するものです。例えば，職業訓練プログラムの効果をみるために，職業訓練プログラムを受講したグループと，受講していないグループ間で，一定期間後の就業率，賃金の比較を行います。この時，2つのアウトカムとも前者が後者を上回っていることをもって，職業訓練プログラムの有効性を主張することができるでしょうか。

　この評価手法は，グループ間の観察できない属性に基づく**セレクションバイアス**と呼ばれる評価のゆがみを，排除できません。例えば，プログラムが実施されるグループは，プログラムへの参加を自ら望んだグループであり，潜在的能力，モチベーション等の点において，プログラムに参加しなかったグループとシステマティックに相違する可能性があります。これらの要因が，アウトカムの指標（例えば就業率）にも影響を及ぼす場合，クロスセクション比較は，2つのグループ間のシステマティックな差異を，プログラムの効

果としてとらえてしまう可能性があります。

1.2 時系列比較

時系列比較は，プログラム実施の前後で，目的とする指標の動きを観察することで，プログラムの効果を把握しようとするものです。

例えば東京から離れた地域で大地震が起こって，高速道路が倒壊し，不通になることで，生鮮食料品などの物流が滞ったとします。しかし，大急ぎで高速道路の復旧が進められて，一定期間後に開通をなしとげたとしましょう。この高速道路の復旧というイベントをはさんだ期間中の，東京での野菜の価格を観察し，それが下落したことをもって，高速道路の効果を評価することは適当でしょうか。このような評価は，政府だけでなく民間の機関も含め実に様々なところで行われています。

このような評価手法は，同時期のプログラム外要因が変化している可能性を，プログラムの効果として評価してしまう可能性を抱えています。例えば，上記に示した高速道路の復旧の評価は，野菜の商品市況や，日本のマクロ経済，東京の地域経済の変化による影響を，高速道路復旧の効果として評価してしまう可能性があります。この他，これらの評価手法は，「**平均への回帰効果**」などのバイアスを持つ可能性があると言われています。

1.3 専門家の評価等

政策や事業の評価には，それを遂行する行政官による評価が用いられることがあります。しかし客観性を持たせるために，審議会における専門家や市民の意見聴取を行うことによって，第3者性をもたせた評価を行ったという形をとる場合が多いですね。

ただし，評価を行う主体が政策を推進する立場にある場合，審議会の委員の選定に客観性が確保されているか等の問題があります。このため，対象施策の実施主体と評価主体を分離して，なおかつ第3者によって構成されてい

る評価委員会によって評価を実施するという試みも進められています。

　しかし，専門家による評価は，その評価プロセスがブラックボックスになる可能性を排除することはできません。できるだけプロセス，内容を開示する努力があわせて講じられていますが，その評価過程自体が証拠に基づくものかどうかが確認される必要があるでしょう。

2 これまで行われてきた実験的評価手法

　広い意味での実験的評価として，「まずやってみる」**デモンストレーション**と呼ばれる手法がこれまで多く用いられてきました。これまでは，デモンストレーション自体がアドホックに行われてきたきらいはありますが，政策の企画立案にあたってはデモンストレーションを前置し，その系統的な評価により制度化を判断するという姿勢が政府から示されるようになっています。例えば国土交通省は，1999年度から交通社会実験を実施する地域に支援を行っています。なお交通社会実験とは，「大きな影響を与える施策の導入にあたり，場所と期間を限定して施策を試行・評価し，本格実施に向けた判断材料とするという一連の取組みのことをいう。」（「社会実験実施結果の総括」，2001年，国土交通省道路局）とされています。現在このような手法は，交通関係インフラのみならず，各種のまちづくりで取り入れられています。また地方公共団体や民間事業者の発案により，地域を限定した規制緩和を行い，その評価を全国的な制度改革に結び付ける**構造改革特別区域**を皮切りとした各種特区においても，同様のアプローチが採用されています。

　このような「本格的な政策転換，または新たな政策の実施を前にデモンストレーションを実施し，その評価を踏まえて政策の是非を判断する」という基本スタンスは積極的に評価されるべきでしょう。デモンストレーションの実施を経て，政策の効果は，政策の企画立案過程の様々な参加者にも容易に理解される形で表現されようになるのです。しかし各種の特区及び交通社会実験で用いられている評価手法は，単純な時系列比較，クロスセクション比

較，専門家，実験参加者による評価が採用されているようです。

　このような視点について，規制緩和を例にとって考えてみましょう。第Ⅰ部で解説しましたが，そもそも自律的に最適な状態を導いてくれる市場において，そのプレイヤーの行動に何らかの規制をかける根拠は，市場の失敗です。それを是正するための規制には，外部性の回避などの明確な目標があります。このため，規制緩和をしてもともとの規制の保護法益に，大きな支障が生じない限り，規制緩和の効果があったと考えることは支持できます。それにもかかわらず，規制を維持する場合には，その維持を主張する側に説明責任があると考えることができるでしょう。

　一方，何らかの規制の導入，あるいは税財源を用いた新たな事業の実施などについては，「そもそも自律的に最適な状態を導いてくれる市場」の動きに悪影響を与える可能性があります。このためその評価は，プログラム外要因やセレクションバイアスの除去などバイアスの少ないものを選択した系統的な評価であるべきではないでしょうか。

　これらのことを勘案すれば，デモンストレーションによる評価に基づいた本格的な政策の実施という，政策の企画立案スタイルを確立することが最も重要だと考えます。ただし，それと併せて，次節で紹介するような一般性を失わずに評価を行いうる，実験的手法による政策評価手法が用いられることが推奨されます。

3 望ましい実験的評価手法

　そもそも，政策策定のために厳密な証拠を求めるようになったのは20世紀以降と考えられています。実験的手法は，プログラム外要因やセレクションバイアスの除去を可能にする手法だと考えられています。この実験的手法による政策研究は，感染症対策の効果の評価を皮切りに，1970年代までに，貧困対策や家賃補助など様々な分野で実験による政策効果の評価が報告されています。1980年代から1990年代にかけて欧米圏において，後で説明され

るRCT実験を含め社会実験と呼ばれる手法を実際の政策策定に用いる事例が出始めます。特にアメリカでは，フォード財団と連邦政府が連携し職業訓練などの大規模な**社会実験**が実施されました（Baron［2018]）。

　現在，研究分野だけではなく，政策の企画立案，執行においても，それを正当化する根拠が求められるようになっています。このような取り組みを，Evidence-based Policy Making（以下**EBPM**）といいます。このEBPMにおいて実験的手法評価は，中心的役割を担っています。

3.1 　実験室実験

　実験経済学で用いられる**実験室実験**は，理論モデルに沿った環境を実験室の中で構築し，学生などを被験者に，パフォーマンスの良い被験者には，より多くの謝金を支払うという経済的動機付けをしています。

　例えば第2章で説明した排出枠取引制度の設計は，それが理論通りに機能するかを実験で確認しています。実験においては，被験者たちにランダムに，温室効果ガスを1単位削減した場合のコストを示す限界削減費用曲線が割り当てられ，被験者同士の排出枠の取引が行われます。その際，取引で稼いだ（仮想的な）利益が大きいほど，実験終了後に，その被験者に支払われる報酬も大きくなります。成立した契約価格の公開の有無や相対取引，ダブルオークション等の取引形態が異なる，複数のタイプの実験が行われます。そして，それぞれのタイプの実験における，各被験者の利益合計総額を理論が予想する競争均衡での利益合計額と比較することなどにより，市場デザインの効率性評価が行われます。

　こうした実験室実験は，アカデミックな分野では，市場均衡，囚人のジレンマ，期待効用理論，オークション，公共財供給など，非常に広い分野で応用されています。政策の企画立案過程においても，空港における発着権の配分，ガスパイプラインの価格付けの規制，オークションや排出枠取引市場のデザイン，電力料金の決定などで，実験室実験が重要な役割を果たしています。

慎重に計画され，被験者に十分な報酬を与える実験は，確かめたい因果関係の実証に干渉する要因を排除できます。このため，単純なクロスセクション比較，時系列比較はもちろん，評価の結果をゆがめる要因を統計的に除去しようとする，計量的手法よりも信頼のおける経済的因果関係の追及ができると考えられています。

しかし，報酬が十分な動機付けになっているかどうかについて疑問が呈されたり，被験者が学生であることが多く，政策が対象とするグループでない点に批判が行われます。また，実験室では政策自身及び政策の効果を再現できない場合があります。例えば，職業訓練が雇用者の賃金に与える効果や，住環境が居住者の健康や人的資本の蓄積に与える影響を実験室実験で計測することは困難です。この場合フィールド実験と呼ばれる手法が必要になります。

3.2 サーベイ実験

さらに，**サーベイ実験**と呼ばれる，世論調査の中に実験的措置を盛り込むものがあります。ここでは調査方法や質問内容を変え，それらを実験条件としてサンプルをランダムに分け，各条件における回答傾向を比較します。アメリカでは TESS（Time-sharing Experiments for the Social Sciences）と呼ばれる，政治学，経済学，心理学等の実験計画を公募し，審査を通過した計画についてそれをサポートする取り組みが行われ，大きな成果をあげています。世論調査による研究蓄積が豊富な政治学では，このサーベイ実験が積極的に取り入れられています。一方，結果に影響を与える各種要因が，十分にコントロールされているかという点に疑問が呈されることがあります。

3.3 RCT 実験

フィールド実験の代表的手法である **RCT 実験**は，例えば職業訓練希望者の中から，ランダムに受講者を選出し，実際に職業訓練を施し，長期間にわ

たる観察から、職業訓練受講者と非受講者の賃金の差を観察する方法です。そのプロセスは、下記のように①潜在的参加者の採用過程、②**ランダムアサインメント**及び政策の実施過程、③データの収集過程、④政策効果の計測過程に分けることができます。この評価手法は、プログラム外要因及びセレクションバイアスの除去、理解の容易性等の点において良いパフォーマンスを有する手法です。ここで、**図表13-1**を用いて、RCT実験の進め方を解説します。

①潜在的参加者の採用過程

広報活動を通じて実験に興味を持った個人に対して、実験のデザインに関する情報提供が行われます。そこでは、施される政策によるメリットとともに、ランダムアサインメント過程、その後のデータ収集過程が説明されます。この説明を受けて、個人は自ら実験への参加の是非を判断します。このようにして潜在的参加者が形成されます。

②ランダムアサインメント及び政策の実施過程

この潜在的参加者に対して、評価対象の政策が実施される**措置グループ**と、実施されない**コントロールグループ**へのランダムアサインメントが行われます。この場合、措置グループ、コントロールグループとも、プログラムへの参加意志及び参加資格を有する潜在的参加者をよく代表するサンプルとなっています。つまりランダムに割り振ることで、グループ間の平均的な属性は同じになっています。措置前はグループ間の平均的な属性が同じですから、措置後にグループ間で何らかの相違が生じるのであれば、それは措置による効果と考えることができるのです。

③データの収集過程

ここまでの過程で以下の各種データが収集されます。ベースラインデータは、実験参加者の様々な属性、アウトカムのプログラム前のデータであり、ランダムアサインメント実施前に収集されます。アウトカムデータは、政策の目標となるアウトカム（例えば収入、就業状態等）の実験期間中のデータです。プログラムサービスデータは、措置グループとコントロールグループ間のサービス水準の差に関するデータです。

図表 13 − 1 ▶▶▶社会実験の基本的フロー

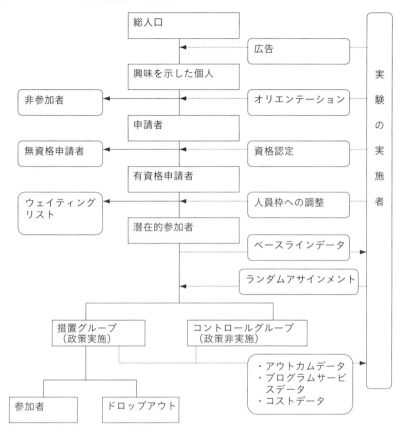

④政策効果の計測過程

措置グループ，コントロールグループ間のアウトカムデータの平均の差によって政策の効果は記述され，それが有意に 0 と異なっているかという仮説検定を通じて評価が行われます。しかし通常は，検定力を高めるために，ベースラインデータとして収集された，プログラム参加者の様々な属性を用いた検定が行われます。以下に最も基本的なモデルを示します。ここでは c が措置効果を表しています。

$$Y_i = a + \sum b_j x_{ij} + cT_i + e_i$$
Y_i：個人 i のアウトカム（例：賃金）

x_{ij}：個人 i の属性 j の値（例：年齢，性別，過去の賃金）

T_i：個人 i の措置の有無を表すダミー変数

e_i：誤差項

3.4 実験的環境の利用，創出

自然実験は，自然に発生した条件を利用して，ある現象の因果関係を推定する手法です。例えばスノウ（J. Snow）は，1854 年に感染症コレラの原因究明のため，井戸近くの街区と，井戸のない街区では，井戸近くの街区で死亡率が高いことを報告し，井戸の汚水とコレラの因果関係を指摘しました。近年では，くじ引きにより対象者が決まる軍役など，無作為に割り当てられる環境の相違を活かして，何らかの介入の効果が測られています。

このような自然実験環境を利用して厳密な形で因果関係をとらえようとする実証分析手法が，**RD デザイン**（Regression Discontinuity Design）と呼ばれるものです。これは世の中に存在する様々な「境界線」を用いて，因果関係を特定化しようとする手法です。まず「境界線」を境に 1 つの要素のみが，非連続的に変化する状況を見つけ出します。そのような境界線の内外で，何らかのアウトカムが明らかに変化しているのであれば，注目している要因とアウトカムの因果関係が推測できるだろうと考えるものです。

例えば，医療費の自己負担額は 70 歳という境界線を境に，3 割から 1 割に大きく減少します。一方，70 歳という境界線の前後で，健康状態や収入などに非連続的な変化が起こるとは考えにくいですね。しかし，月別にみた外来患者数は 70 歳の誕生日を境に非連続に上昇します。つまり自己負担額が医療サービスの利用に影響しているという因果関係を，特定化することができます（Shigeoka [2014]）。

しかし，このような「境界線」見つけ出すことは必ずしも容易ではありません。このため，実務的には**差の差分法**（Difference in Difference，**DID**）と呼ばれる実証分析手法が多く用いられます。差の差分法はまず，注目する介入があったグループ（措置群）となかったグループ（対照群）を，注目す

る介入以外は同じような動きをしていると考えられるものの中から選び出します。その上で，措置群におけるアウトカムの時間を通じた平均的な変化と，対照群における時間を通じた変化と比較することで因果関係を抽出しようとするものです。この方法は，完全ではありませんが，セレクションバイアスを取り除くことができるものとされています。

　例えば，職業訓練プログラムの有効性を確認したい場合を考えてみましょう。職業訓練プログラムを受ける前の措置群に分類された人たちと，対照群に分類された人たちの賃金や就業確率の推移が変わらない動きを示していたとしましょう。これを**平行トレンドの仮定**といいます。しかし，職業訓練プログラムを受けた後に，措置群の人たちだけがプログラム前のその推移とは異なる動き（就業率や賃金が上昇）をしたとすれば，その変化はプログラムによるものだと推定してもいいと考えるのです。

4 実験的評価手法の実例

4.1 実験室実験の実例

　第Ⅰ部で説明したように，非競合性，非排除性を備えた公共財は，その供給を市場に委ねた場合，フリーライダーが広く出現し，ゼロ供給あるいは過小な供給がもたらされます。理論的には国民が自らの公共財に対する効用に従って寄付を行い，それを公共財供給の財源とすることが考えられます。しかし，第3章で説明したように，このシステムはフリーライダーの出現を防止することができないため，適切な公共財供給に失敗することが予想されています。

　それでも，この理論的な予想が現実に妥当するかどうかは必ずしも自明ではありません。このため，第10章でも解説しましたが，1980年代以降，理論が予想するフリーライダー行動が実際に観察されるかを，実験室実験で確認する試みが繰り返し行われました。その結果，①多くの実験においては，

最初は実験の参加者は公共財の大きな供給量を選択するものの，実験を繰り返すことを通じて，選択される公共財供給量が減少していく，②しかし，最終的にも公共財供給はゼロにはならない，という実験結果が得られました。

4.2 RCT 実験の実例

アメリカでは 1930 年代から社会実験が行われ始め，1960 年代及び 1970 年代に行われた負の所得税（the income maintenance experiments），就業が困難な人々に対する就業支援プログラム（the National Supported Work Demonstration），住宅バウチャー（Experimental Housing Allowance Program，以下 EHAP）など，大規模な RCT 実験が行われました。

例えば EHAP 実験は，現在アメリカにおいて住宅補助の主流となっている**住宅バウチャー制度**のパフォーマンスを検証するものでした。なおバウチャーとは，低所得者向けの住宅を公共部門が直接供給するのではなく，低所得者に住宅にしか使えない金券を配布し，民間住宅を活用した住宅確保を図る政策手段です。具体的には「バウチャーの支給が行われる措置グループ」，「支給を受けないコントロールグループ」に低所得者を分け，低所得者の厚生水準が評価されました。その結果を受けて議会は，公営住宅などの直接供給から需要側への補助を行うバウチャーへの転換を進める制度改正を，1974 年に実施しています。一方で，負の所得税，就業困難者に対する就業支援などは予想された結果が得られなかったとされます。

様々な結果にもかかわらず，1980 年代から 1990 年代にかけて RCT を伴う社会実験は積極的に行われるようになっています。1980 年までにアメリカでは 55 の社会実験が行われたとされますが，それが 1995 年までには 195 に増加しています。特に，Department of Health and Human Service が主導した，いわゆるワークフェアと呼ばれる就労支援を重視する福祉政策の導入においては，**フィールド実験**が大きな役割を果たしたとされます。Demonstration Waiver Policy と呼ばれる，連邦法を超えた政策の実験を許容する制度環境も整備されました。このような流れは現在まで継続しています。

4.3 監査調査法

フィールド実験は，政策立案の背景となる事実の発見・確認にも用いられます。ここでは，差別を対象とした政策の企画立案や，施行後の効果のモニタリングにあたって大きな役割を果たしてきた，**監査調査法**を取り上げます。

偏見や先入観に基づいて，人種差別，性差別，年齢差別などを行うことは，あってはなりません。しかし，実際にこのような差別があるのか否かを調べることは思ったよりも難しいのです。アメリカでは，居住地，学校等における人種的住み分けが大きな社会問題となっています。しかし，その現象だけを見ても，マイノリティがそのコミュニティを好んで住み分けているのか，家主や不動産業者のマイノリティに対する差別によるものなのかを見分けることは難しいですよね。仮に後者のような現象が観察されても，家賃を支払えなくなるリスクや，犯罪に巻き込まれるリスクなどに関して合理的な選択をしているとする反論に，どう答えればよいのでしょうか。このため，

①例えば住宅の賃貸や売買において，人種などの属性のみを異ならせ，対象となる行為に影響を与える他の属性を人為的に一致させた架空の2人1組のペアを形成し，

②同一の不動産業者で，広告に出ている住宅の入居可能性，類似住宅の情報を別々に収集させ，

③その際の，相手の不動産業者の対応を詳細に観察し，統計的な分析を加える

監査調査法（audit study）という実験的手法が用いられます。監査調査法は「差別を行う者の意志にかかわらず，差別的傾向を把握することができる」，「行為に影響を与える他の属性を一致させた者の間で比較を行うため，人種などの影響のみを抽出できる」という特色があります。アメリカでは，労働市場，住宅市場における差別を検出するために，連邦政府が定期的に大規模な監査調査を行っています。

この監査調査法と同様のロジックを使ったものとして，差別の有無を確認したい属性（人種等）だけを異ならせた郵便やメールによる連絡手段を用い

て，受け取り手の反応の相違から差別を検出する Correspondence Study なども，公共政策研究においては広く用いられています。

4.4 DID（Difference in Difference）

公共財の供給が地価に対して及ぼす影響を評価する場合のことを考えましょう。前章で紹介したヘドニック法では，地価の上昇によって公共財の供給の効果をとらえていました。

しかし，仮に地価上昇が公共財の供給によって起こったものではなく，同じ時期の対象地域の経済の活性化によるものだったとしたらどうでしょう。例えば大きなショッピングモールが近隣にできたり，都市再開発事業が行われたために地価の上昇が起こったものであった場合には，公共財の供給とあわせて地価上昇が起こったように見えるため，あたかも公共財供給の効果として地価上昇が起こったように見えてしまいます。

このため **DID** では，同じような他の変数の影響を受けている地域から，公共財の供給の影響を受けていると考えられる地域，例えば事業が行われた地域から近接した地域を処置群，処置群より離れているが同じ経済的環境下にある地域を対象群として，公共財が供給された前後の地価を比較することで，その効果を計測しようとしています。

例えば，国土交通省においては，インフラ整備後のその利活用を増進する事業の評価を DID を用いて行おうとしています。例えば姫路市の道路空間再編事業（ほこみち）という道路に賑わい空間を整備しようとする事業においては，事業実施区域を処置群，その近隣を対象群として，事業実施前後の2時点の比較を行っています。そのような評価手法については，「インフラ経営ガイダンス」として公表されています。

228

図表13-2 ▶▶▶インフラ経営ガイダンス（国土交通省）

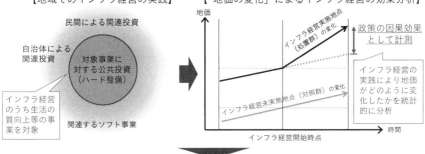

処置群の地価の上昇・伸び率が対照群に対して有意に高い，もしくは有意に高くない（有意に低い・有意でない）かを確認。

【確認項目（案）】　　有意に高い
・インフラ経営としての創意工夫点が地価に反映されているか。
・どのような施策の組合わせが効果的であったか。
・政策効果のさらなる向上のための施策は検討可能か。　等

【検討項目（案）】　　有意に高くない
・地価が上昇しない要因は何か，その要因に対して追加的な対策は可能か。
・インフラ経営の観点からソフト的な対応は十分だったか。　等

【任意】地価の変動要因を「ビッグデータ等」を用いて分析

対象事例のストック効果の最大化に活用するとともに，他事業への今後のレッスン（知見・教訓）として蓄積

No.	市町村	対象地	考察
1	姫路市	大手前エリア	地価は有意に上昇しており，R4.8のほこみち常時指定以降に滞留人口，通行人口が増加しているなどの賑わいの創出や経済活動の活発化といった，地価上昇につながる傾向を確認。
2	岡崎市	乙川リバーフロント地区	地価は有意に上昇しており，R3.3全面供用後，滞留者数・歩行者数ともに増加傾向などの賑わいの創出や経済活動の活発化といった，地価上昇につながる傾向を確認。
3	福岡市	福岡市営水上公園　福岡県営天神中央公園	地価は有意に上昇しており，「外食の伸びが大きい」，「他エリア在住者による消費金額が上昇」「滞留の長時間化」といった地価上昇につながる傾向を確認。
4	松山市	花園町通り	地価は有意に上昇しており，他エリア在住者による来訪者数の伸び，滞留長時間化といった地価上昇につながる傾向を確認。ただし，「松山市内在住者が増加していない」，「滞留人数，歩行者数に増加傾向が見られない」といった点も確認。
5	新潟市	やすらぎ堤	地価は有意に上昇しているが，滞留人口，通行人口等の位置情報データでは地価の上昇を裏付ける結果を得られなかった。消費金額の動向といった，別視点のデータによる分析を実施されたい。

出所：「インフラ経営の実践によるストック効果の分析のためのガイダンス」（国土交通省）より。

Working　　　　　　　　　　　　　　　　　　　　　　　調べてみよう

　下記の総務省のサイトから，現在行われている政策評価手法を理解して
（https://www.soumu.go.jp/main_content/000935597.pdf），その評価方法が
抱えていると考えられるバイアスについて検討してみよう。

Discussion　　　　　　　　　　　　　　　　　　　　　　議論しよう

　Working の結果を踏まえて，本章で紹介をしたバイアスが少ないと考えられ
る評価手法をどのようにして導入すべきか，あるいはコストを考えて導入には慎
重になるべきかについて議論してみよう。

Training　　　　　　　　　　　　　　　　　　　　　　　解いてみよう

　日本の賃貸住宅市場では高齢者に対する差別があるとされている。一定割合の
高齢者が年齢を根拠に，入居が拒否されるという現象を指す。国土交通省では大
家，賃貸住宅管理業者，高齢者へのアンケートでその差別の有無を確認している。
このような確認手法の問題点を述べなさい。

▶▶▶さらに学びたい人のために

- ●中川雅之［2003］『都市住宅政策の経済分析』日本評論社。
- ●中川雅之［2008］『公共経済学と都市政策』日本評論社。
- ●山本勲［2015］『計量経済学』中央経済社。

参考文献

● 伊藤公一朗［2017］『データ分析の力　因果関係に迫る思考法』光文社。

● 中川雅之［2006］「政策の実験的評価手法」『計画行政』29(3)，3-10頁。

● 中川雅之・篠原舟吾［2024］「公共政策研究における実験アプローチの歴史」『公共政策学事典』丸善出版，486-487頁。

● 中川雅之［2024］「フィールド実験」『公共政策学事典』丸善出版，492-493頁。

● Baron, J.［2018］"A Brief History of Evidence-Based Policy," *The Annals of American Academy of Political Social Science*, 678(1), pp.40-50.

● Shigeoka, H.［2014］"The Effect of Patient Cost Sharing on Utilization, Health and Risk Protection," *American Economic Review*, 104(7), pp.2152-2184.

第14章 集団的意思決定の補完

Learning Points

▶人口減少時代の都市のコンパクト化は自然に実現できるのか。

▶何らかの集団的意思決定によってコンパクト化を実現する必要があるのか。

▶移動費用や集団的意思決定への参加コストは、集団的意思決定にどのような影響を及ぼすか。

▶集団的意思決定を補完する仕組みとしてどのような取り組みが考えられるのか。

Key Words

ティブーメカニズム　集団的意思決定への参加コスト　ミニパブリックス
フューチャーデザイン

　これから日本では、人口減少、少子高齢化がより大きな影響をもたらすことが確実視されています。第11章では、コンパクトシティや公共施設の整理・統合などの、市民に一定の負担を求める措置に対する要請が、大きなものとなっていくという見通しを述べました。今後の公共政策は、人口減少や少子高齢化に伴う損失分担をどのようにしていくかということを解決しなければ、様々な問題を本質的に解決したことにはなりません。しかし今我々が持っている集団的意思決定の仕組みで、そのような意思決定を行うことができるのでしょうか。

　第Ⅱ部では集団的意思決定過程がもつ問題を、一般的に解説しました。以下においては、人口減少や少子高齢化がもたらす損失の分担について、我々が持っている集団的意思決定の仕組みは、どんな結論を導き出すのかを議論しましょう。その場合どのような問題が生じるのでしょうか。それを克服するための手段として、どのようなものがありうるのでしょうか。

1 公共施設の整理・統合に関する課題

1.1 ティブーメカニズム

1.1.1 ティブーメカニズムとは

第11章において，今後日本で本格化する人口規模，人口密度の低下は，市町村の公共サービスの効率性を，大きく悪化させる可能性があることについて触れました。このような事態を回避するための手段として，公共施設を整理・統合したり，コンパクトシティのような住民の集積を図る方法が考えられます。このような公共施設の整理・統合や集積がどのようなメカニズムで実現するのでしょうか。

この章では最初に，住民の自発的な移動によってそれが達成できないかを検討してみます。これから解説するメカニズムは，ティブー（Tiebout, C.）が1956年の論文で唱えたものです。そのエッセンスは，「住民は居住地を選択することによって，地方政府を選択することができる」というものです。このメカニズムは「足による投票」とも呼ばれています。**「足による投票」**によって，住民の集積による公共施設の整理・統合が実現するかについて，簡単な数値例を用いて解説します。

1.1.2 数値例の設定

いま，2つの地域A，Bが存在するものとします。**図表14－1**では，都心部を地域B，郊外部を地域Aとして描いています。最初はそれぞれの地域が独自に公共施設を管理している，つまり地域A，地域Bが異なる市町村である場合を考えます。どちらの地域も初期人口（0期）が100ですが，地域Aにおいては毎期10％の人口減少が生じると仮定します。この人口減は生産年齢人口であれば他地域への移転，高齢人口であれば死亡などに基づくと考えてください。2地域とも公共施設から住民1人当たり10の行政サー

図表 14 − 1 ▶▶▶ ケース別付け値地代の動き

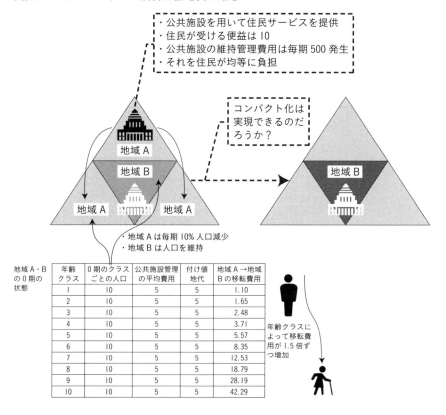

ビスを受け取りますが，毎期 500 の（減価償却も含めた）公共施設維持管理費用が発生します。

例えば，地域 A の住民の各期の利得は，

$$\text{地域 A の公共施設から得る 1 人当たり便益} - \frac{\text{地域 A の公共施設の管理費用}}{\text{地域 A の人口}}$$

$$= 10 - \frac{500}{\text{地域 A の人口}} \tag{1}$$

と表すことができます。この利得はそこに住む価値を表しますから，最大限支払ってもいいと考える地代と考えることができます。これを「**付け値地代**」と呼びます。

ここでそれぞれの地域の人口を均等に，10の年齢クラスに分けます。クラス1〜10にかけて，年齢を重ねていきます。加齢に応じて移動費用が高くなるものとします。クラスが1高くなるにつれて，1.5倍になるものとしています。高齢者は自動車での移動が困難になることや，地域のネットワークと非常に密接に結び付いているため，移動，移転のコストが禁止的に高くなることを反映しています。

1.1.3 マッチング問題としてのコンパクト化

実際に数値例を用いた解説を行う前に，「ここで設定された問題とは，一体どういう問題なのか」について説明させてください。

歴史的な経緯から，今地域Aと地域Bに2つの公共施設があります。公共施設に混雑はありませんから，公共施設の整理・統合，コンパクト化で，公共施設の管理費用500を節約することができます。ここでは地域Aの公共施設を廃止することを想定しましょう。それを実現するためには，地域Aの住民の**図表14－1**で設定されたような移転費用を，負担してもらう必要があります。つまりここで扱っているのは，「公共施設とそこから公共サービスを得ている住民の効率的なマッチング」をどうやって達成するかという問題です。

社会として，公共施設の整理・統合，コンパクト化が支持されるのは，公共施設管理の節約費用と住民の移転費用の大小関係によります。**図表14－2**に1〜10期に移動が起こった場合に，その期に節約できる管理費用と，その期に移動しなければならない住民の移動費用総計が描かれています。地域Aの住民は毎期10%ずつ減少するため，移動費用総計も減少していきます。時間をまたがった費用の比較は行っていないので，グラフのみやすさから，現在価値化はしていません。

図表14－2を見ると社会的にこの公共施設の整理・統合，コンパクト化が支持できるのは，人口減少がかなり進んだ9期目だというように受け取れます。

しかし，よく考えてみましょう。公共施設の整理・統合，コンパクト化を

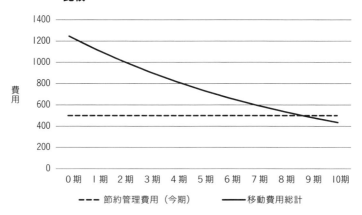

図表 14 − 2 ▶▶▶ 移動によって節約できる公共施設の管理費用と移動費用の各期の比較

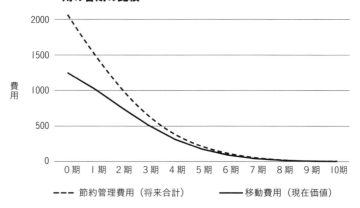

図表 14 − 3 ▶▶▶ 移動によって節約できる公共施設の管理費用の将来合計と移動費用の各期の比較

図ることで，節約できるのは，その期の管理費用ではなく，当該施策を行った以降の管理費用すべてであるはずです。このため，**図表 14 − 3** では，各期に当該施策を実施した場合に，将来節約できる管理費用を10期まで合計したものと，各期の移動費用を，現在価値化したものを描いています。なおここでは，時間割引率は10％を用いています。この割引率の場合10期以降はほとんど価値がなくなるので，遠い将来を考慮する必要がなくなります。

図表 14 − 3 から示唆されるのは，公共施設の整理・統合，コンパクト化

というのは，

- 人口減少がかなりの確度で予測されている地域で
- 現在の利得，あるいは現世代の利得だけを考えれば，現段階では社会的にも支持できないが，
- 将来の地域の維持可能性を考えれば，すぐにも行った方がいい

公共政策をどう実現するのかという問題であると整理できます。

1.1.4 ティブーメカニズムがもたらすもの

　地域Bでは毎期10％という急激な人口減少が続く場合に，放っておけば，何が起こるのでしょうか。(1)式に示したように，人口が減少するため，地域Aでは公共施設の1人当たりの管理コストが上昇します。このため地域Aの付け値地代は低下していきます。このため，

　　移動した場合としない場合の付け値地代の差 − 移動費用 ＞ 0 　　　　　(2)

が成立する場合に，その者は地域Aから地域Bに移動することになります。これを**図表14 − 4**左表では，「移動便益」という列で表しています。

　実際にこれまで述べてきたような設定において，人口移動が起きるかをみてみましょう。0期と1期は人口減少の程度が小さいので，移動した場合としない場合の付値地代の差が小さくて，人口移動は起きません。2期についてどのようなことが起きるのかを見てみましょう。

　図表14 − 4の一番上の左表で最も移動コストが低い，クラス1の動きをみてみます。地域Aの人口は81になっていますので，移動を行わない場合の付け値地代は3.8となっています。地域Bにおいて人口移動がない場合の付け値地代は5のままですが，地域Aのクラス1が移動してくると人口が108.1人になって，公共施設の管理負担が減るので，付け値地代は5.4に上がります（**図表14 − 4**上右表）。このため地域Aのクラス1が移動した場合には，5.4 − 3.8 − 1.1 ＝ 0.4の利得を得ることができます。このため，クラス1は移動します。

　それではクラス2はどうでしょうか。クラス1が移動してしまったので，

残った者たちで 500 の公共施設の管理費を按分しなければなりません。この
ため**図表 14 － 4** の中段の左表にあるように，付け値地代は 3.1 に下落しま

図表 14 － 4 ▶ ▶ ▶ 2 期における人口移動のメカニズム

期ごとに 10％の人口減少があった場合の 2 期のクラスごとの人口：ここでは 10×(1-0.1)^2

その地域に住む価値
便益 - 負担
=10 - 500 / 81

移動費用を勘案しても得か？

地域 A の一部を受け入れた場合の人口とその地域に住む価値

2 期

地域 A

年齢クラス	クラスごと人口	移動なし付け値地代 A	移転費用 B	移動便益 C_a-A-B
1	8.1	3.8	1.1	0.4
2	8.1	3.8	1.7	
3	8.1	3.8	2.5	
4	8.1	3.8	3.7	
5	8.1	3.8	5.6	
6	8.1	3.8	8.4	
7	8.1	3.8	12.5	
8	8.1	3.8	18.8	
9	8.1	3.8	28.2	
10	8.1	3.8	42.3	

地域 B

年齢クラス	受け入れなし		地域 A のクラス 1 を受け入れ	
	人口	付け値地代	人口	付け値地代 C_a
1.0	10.0	5.0	18.1	5.4
2.0	10.0	5.0	10.0	5.4
3.0	10.0	5.0	10.0	5.4
4.0	10.0	5.0	10.0	5.4
5.0	10.0	5.0	10.0	5.4
6.0	10.0	5.0	10.0	5.4
7.0	10.0	5.0	10.0	5.4
8.0	10.0	5.0	10.0	5.4
9.0	10.0	5.0	10.0	5.4
10.0	10.0	5.0	10.0	5.4

クラス 1 の移動後の姿 / クラス 1 受け入れ後の姿

地域 A

年齢クラス	クラスごと人口	移動なし付け値地代 A	移転費用 B	移動便益 C_a-A-B
1				
2	8.1	3.1	1.7	0.9
3	8.1	3.1	2.5	
4	8.1	3.1	3.7	
5	8.1	3.1	5.6	
6	8.1	3.1	8.4	
7	8.1	3.1	12.5	
8	8.1	3.1	18.8	
9	8.1	3.1	28.2	
10	8.1	3.1	42.3	

地域 B

年齢クラス	受け入れなし		地域 A のクラス 2 まで受け入れ	
	人口	付け値地代	人口	付け値地代 C_a
1	10.0	5.0	18.1	5.7
2	10.0	5.0	18.1	5.7
3	10.0	5.0	10.0	5.7
4	10.0	5.0	10.0	5.7
5	10.0	5.0	10.0	5.7
6	10.0	5.0	10.0	5.7
7	10.0	5.0	10.0	5.7
8	10.0	5.0	10.0	5.7
9	10.0	5.0	10.0	5.7
10	10.0	5.0	10.0	5.7

最終的な姿 / 最終的な姿

地域 A

ここまで移動

年齢クラス	クラスごと人口	移動なし付け値地代 A	移転費用 B	移動便益 C_a-A-B
1				
2				
3				
4				
5				
6	8.1	-2.3	8.4	0.6
7	8.1	-2.3	12.5	-3.5
8	8.1	-2.3	18.8	-9.8
9	8.1	-2.3	28.2	-19.2
10	8.1	-2.3	42.3	-33.3

地域 B

年齢クラス	受け入れなし		地域 A のクラス 6 まで受け入れ	
	人口	付け値地代	人口	付け値地代 C_a
1	10.0	5.0	18.1	6.6
2	10.0	5.0	18.1	6.6
3	10.0	5.0	18.1	6.6
4	10.0	5.0	18.1	6.6
5	10.0	5.0	18.1	6.6
6	10.0	5.0	18.1	6.6
7	10.0	5.0	10.0	6.6
8	10.0	5.0	10.0	6.6
9	10.0	5.0	10.0	6.6
10	10.0	5.0	10.0	6.6

す。もしクラス2が地域Bに移動した場合，地域Bの人口は116.2に増加しますので，その場合の付け値地代は，**図表14－4**の中段の右表にありますように，5.7に上昇しています。このため，クラス2は地域Bに移動することによって，5.7－3.1－1.7＝0.9の利得を得ます。クラス2も移動します。

このような移動はいつまで続くのでしょうか。それは**図表14－4**下表にあるように，クラス6が移動するまで続きます。同じようなプロセスを経て，第3期にはすべての地域Aの住民が地域Bに移転します。雪崩を打ったような人口移動が突然始まります。

このようにティブーメカニズムを用いても，都市の集積を進めることができます。しかしこのような結果には注意しなければならない点があります。**図表14－4**の下表から明らかなように，どのような人が人口減少地域の地域Aに残っているのでしょうか。クラス7～10の人たちです。これらの人たちは，移転費用が非常に高いため，移動しないというよりはできないのです。しかもクラス1～6にかけての若い人たちが移動してしまったため，少ない人数で公共施設の管理コストを分担しなければならず，付け値地代が負の値になっています。つまり，そこに住み続ける価値は既に失われているにもかかわらず，移転費用が高いため，取り残されてしまっているというのが実態です。

住民は現在の利得しか考えずに行動しているのですから，**図表14－4**の結果からすれば，第3期に移動が完了してしまうというのは，少し早い印象を受けます。これは住民の移動が外部性を持つからです。つまり地域Aの若い方の移動は，取り残された地域Aの高齢者の1人当たり公共施設管理負担を増やしますが，それを移動した人が負担することはありません。このため，予想されたより早い移動が進むのです。

このような結果は公共施設の効率的な使用を促していますが，この結論はそのまま受け入れることはできないのではないでしょうか。しかし，現在の日本の地方部で起こっていることはこのようなことです。

1.1.5 同一市町村内の公共施設の管理

前節では異なる市町村における公共施設の整理・統合，コンパクト化の可能性を議論しました。この節では同一市町村内の公共施設の整理・統合，コンパクト化の可能性を議論しましょう。

図表14−5の上表においては，**図表14−4**において検討された2期の地域Aと地域Bの状況が描かれています。異なるのは，両地域の2つの公共施設を両地域の住民が等分に負担しているという点です。つまり，付け値地代は以下のように変化します。

$$地域 A の公共施設から得る1人当たり便益 - \frac{地域 A \cdot B の公共施設の管理費用}{地域 A \cdot B の人口}$$

$$= 10 - (500 + 500) / 地域 A \cdot B の人口 \tag{3}$$

図表14−5 ▶▶▶同一市町村内にある公共施設の整理・統合の可能性

2期
地域A

年齢クラス	クラスごと人口	移動なし付け値地代A	移転費用B	移動便益 C_a-A-B
1	8.1	4.5	1.1	-1.1
2	8.1	4.5	1.7	
3	8.1	4.5	2.5	
4	8.1	4.5	3.7	
5	8.1	4.5	5.6	
6	8.1	4.5	8.4	
7	8.1	4.5	12.5	
8	8.1	4.5	18.8	
9	8.1	4.5	28.2	
10	8.1	4.5	42.3	

地域B

年齢クラス	受け入れなし		地域Aのクラス1を受け入れ	
	人口	付け値地代	人口	付け値地代 C_a
1.0	10.0	4.5	18.1	4.5
2.0	10.0	4.5	10.0	4.5
3.0	10.0	4.5	10.0	4.5
4.0	10.0	4.5	10.0	4.5
5.0	10.0	4.5	10.0	4.5
6.0	10.0	4.5	10.0	4.5
7.0	10.0	4.5	10.0	4.5
8.0	10.0	4.5	10.0	4.5
9.0	10.0	4.5	10.0	4.5
10.0	10.0	4.5	10.0	4.5

10期
地域A　　　　　　　　　最終的な姿

年齢クラス	クラスごと人口	移動なし付け値地代A	移転費用B	移動便益 C_a-A-B
1	3.5	2.6	1.1	-1.1
2	3.5	2.6	1.7	
3	3.5	2.6	2.5	
4	3.5	2.6	3.7	
5	3.5	2.6	5.6	
6	3.5	2.6	8.4	
7	3.5	2.6	12.5	
8	3.5	2.6	18.8	
9	3.5	2.6	28.2	
10	3.5	2.6	42.3	

地域B　　　　　　　　　最終的な姿

年齢クラス	受け入れなし		地域Aのクラス1を受け入れ	
	人口	付け値地代	人口	付け値地代 C_a
1.0	10.0	2.6	13.5	2.6
2.0	10.0	2.6	10.0	2.6
3.0	10.0	2.6	10.0	2.6
4.0	10.0	2.6	10.0	2.6
5.0	10.0	2.6	10.0	2.6
6.0	10.0	2.6	10.0	2.6
7.0	10.0	2.6	10.0	2.6
8.0	10.0	2.6	10.0	2.6
9.0	10.0	2.6	10.0	2.6
10.0	10.0	2.6	10.0	2.6

図表 14 － 5 上表において描かれているように，地域 A の人口が 81 人に減少して，地域 B の人口はそのまま 100 人である 2 期においても，地域 A と地域 B の公共施設の管理費は両地域で按分しているため，地域 A から地域 B への人口移動が起ころうと起こるまいと，地域 A と地域 B の付け値地代は同一のままです。このため，図表 14 － 5 の上表ではクラス 1 の例が描かれていますが，移動を行った場合には移動費用分の損失が発生するだけです。これはすべてのクラスで同じです。このため移動は発生しません。

このことは時間が経過しても同じことが言えます。図表 14 － 5 の下表においては 10 期の両地域の姿が描かれています。10 期にはその期の利得しか考えなくても，図表 14 － 2 に示されたように公共施設の整理・統合，コンパクト化が支持されていたはずです。この場合地域 A に住んでいるのはたった 35 人です。しかし，地域 A の付け値地代が正のままなので，100 人住んでいる地域 B と同じ規模の公共施設が維持され続けています。このように，社会が明らかに損失を被っている時期になっても，同一市町村で公共施設の共同管理をしている場合には，公共施設の整理・統合，コンパクト化が進むことはありません。甚だしい非効率な状況が温存されてしまうことにつながります。

例えば第 30 期に地域 A の人口が 4 人になっても，付け値地代は (3)式から，

$$10 － 1000 / (4 + 100) = 0.4 ＞ 0$$

ですから，地域 A の公共施設は維持され続けます。

それでは，何らかの集団的意思決定により，公共施設の整理・統合を進めることはできないでしょうか。

2 / 公共施設の整理・統合に関する集団的意思決定

2.1 投票の結果

ここで前節までの議論と同じ設定に基づいて，公共施設の整理・統合，コンパクト化を第Ⅱ部で解説した相対多数決で，集団的意思決定を行った場合を考えてみましょう。

地域Ａと地域Ｂが同一市町村である場合は首長，あるいは異なる市町村である場合は第1章で登場した政策アントレプレナーが，全体の利益，将来世代の利益を考えて，0期に両地域の公共施設を整理・統合して，コンパクト化を図るという提案をした場合を考えましょう。ここでは，単独であるいは異なる市町村が共同で，住民投票でコンパクト化に関する意思決定を行うことを考えます。

その提案の内容が，**図表14－6**の下表の○で囲まれた部分に描かれています。0期においては，200人の人口で1つの公共施設を支えることになるため，地域Ａの住民においても，地域Ｂの住民においても7.5という付け値地代を期待することができます。しかし，地域Ａの住民は移転のコストを負担しなければならないため，**図表14－6**上表中ほどの，「移動便益」を最終的に享受することになります。地域Ｂの住民は移動する必要がないため，提案に沿った地域Ａの住民の受け入れを行った場合と，受け入れなかった場合の付け値地代の差7.5－5＝2.5が，この提案を実行した場合の便益となります。

ここでこの提案を相対多数決にかけたとしましょう。まず，この相対多数決に参加するコストが0の場合を考えましょう。その場合，地域Ｂの住民は全員2.5の便益が得られるので，全員賛成します。一方，地域Ａにおいては，移転費用が低いクラス1～3までの者しか賛成しません。**図表14－6**では賛成は濃い灰色で，反対は薄い灰色で網掛けしています。この場合は賛成130，反対70でこの提案は可決されることになります。

図表14－6 ▶▶▶公共施設の整理・統合，コンパクト化に関する集団的意思決定（0期）

0期
地域A

年齢クラス	クラスごと人口	移動なし付け値地代A	移転費用B	移動便益 C_a-A-B	コスト0 投票の便益	コスト1.5 投票の便益	コスト3 投票の便益	年齢別コスト	年齢別コスト 投票の便益
1	10.0	5.0	1.1	1.4	1.4			4.2	
2	10.0	5.0	1.7	0.9	0.9			2.8	
3	10.0	5.0	2.5	0.0	0.0			1.9	
4	10.0	5.0	3.7	-1.2	-1.2			1.3	
5	10.0	5.0	5.6	-3.1	-3.1	-1.6	-1.6	0.8	-2.2
6	10.0	5.0	8.4	-5.9	-5.9	-4.4	-4.4	0.6	-5.3
7	10.0	5.0	12.5	-10.0	-10.0	-8.5	-8.5	0.4	-9.7
8	10.0	5.0	18.8	-16.3	-16.3	-14.8	-14.8	0.2	-16.0
9	10.0	5.0	28.2	-25.7	-25.7	-24.2	-24.2	0.2	-25.5
10	10.0	5.0	42.3	-39.8	-39.8	-38.3	-38.3	0.1	-39.7

提案された統合案による付け値地代と移転しない付け値を比較

地域B

年齢クラス	受け入れなし 人口	受け入れなし 付け値地代	地域Aの人口を受け入れ 人口	地域Aの人口を受け入れ 付け値地代 C_a	コスト0 賛成の便益	コスト1.5 賛成の便益	コスト3 賛成の便益	年齢別コスト	年齢別コスト 賛成の便益
1.0	10.0	5.0	20.0	7.5	2.5	1.0		4.2	
2.0	10.0	5.0	20.0	7.5	2.5	1.0		2.8	
3.0	10.0	5.0	20.0	7.5	2.5	1.0		1.9	0.6
4.0	10.0	5.0	20.0	7.5	2.5	1.0		1.3	1.2
5.0	10.0	5.0	20.0	7.5	2.5	1.0		0.8	1.7
6.0	10.0	5.0	20.0	7.5	2.5	1.0		0.6	1.9
7.0	10.0	5.0	20.0	7.5	2.5	1.0		0.4	2.1
8.0	10.0	5.0	20.0	7.5	2.5	1.0		0.2	2.3
9.0	10.0	5.0	20.0	7.5	2.5	1.0		0.2	2.3
10.0	10.0	5.0	20.0	7.5	2.5	1.0		0.1	2.4

2.2 集団的意思決定のコストの影響

　しかし，若い年齢層の投票率が低いことからもわかるように，集団的意思決定への参加には一定の費用がかかります。このため，そのコストが1.5の場合，3の場合についても**図表14－6**で記述しています。集団的意思決定コストが存在する場合は，提案によって得られる便益，あるいはそれによってもたらされる損失の絶対値が，集団的意思決定コストを下回る場合は，投票を棄権してしまいます。棄権は空欄で表現しています。このため，地域Aのクラス1～4までの人たちはコストが1.5の場合も，コストが3の場合も棄権します。地域Bの人たちはコストが3の場合には全員棄権してしまいます。

　コストが1.5の場合は賛成100，反対60で提案は可決されますが，コス

トが 3 の場合は賛成 0，反対 60 で提案は否決されてしまいます。集団的意思決定のコストが高い場合は，その提案によって非常に大きな損失を被る，少数の者によって集団的意思決定が行われることになります。

　集団的意思決定のコストに関して，もう少し現実的な設定をしてみましょう。若い年齢の方が時間費用が高いこと等を反映するため，クラス 10 の移転費用の 1 割をクラス 1 に，クラス 9 の移転費用の 1 割をクラス 2 へと逆に設定してみました。それが**図表 14 － 6** の右端に描かれています。この場合，地域 A についても地域 B についても比較的年齢が高いグループを中心に投票への参加が行われます。この数値例の設定では賛成 90，反対 60 で提案は可決されています。

　このように，集団的意思決定によってコンパクト化に関する意思決定を行うとすれば，**図表 14 － 3** で示された「将来世代のことも考えた場合に，合理的な，早期のコンパクト化」が実現できることが示唆されます。しかし，ここで留意しなければならないのは，早期の意思決定が相対多数決でできたとしても，地域 A の**図表 14 － 6** の年齢クラスが高い住民は「非常に大きな損失を強いられた移動」，あるいは「遠い公共施設の利用」を強制される決定を甘受させられているということです。地域社会として合理的な決定が行われたとしても，これらの人々の痛みは放っておかれています。このことについて何らかの対策は講じられないのでしょうか。

　仮に**図表 14 － 6** の地域 B の住民の賛成の便益 2.5 すべてを，地域 A の賛成の便益が負になる住民の補償にあてたとしても，それを正に転じることはできません。しかし，**図表 14 － 3** では将来世代も含めた「節約管理費用」が，「移動費用」を 0 期に大きく上回っていたことを思い出してください。この場合，0 期の現役世代のみならず，公債によって財源を調達して，集団的意思決定によって生じる地域 A の住民の損失を補償することができます。実質的な負担を将来世代にも分散することで，公平性，公正性という観点においても大きな問題を抱えない，コンパクト化を実施することが可能になります。

244

2.3　投票によるコンパクト化政策決定の含意

　このように集団的意思決定によって，ティブーメカニズムのように深刻な事態に陥る前に，公共施設の整理・統合，コンパクト化について，一定の合意に達することは可能なのではないでしょうか。

　しかし，これまでに用いてきた数値例には留意点があります。

①地方公共団体の提案は，公共施設の共同化や人口集積に伴う，住民の厚生水準の改善に関する情報提供が必ず必要になります。図表14－6の提案のイメージが伝わらない場合，現状を変える選択を行うことが不可能になります。2つの図表では現在の市町村の住民の便益しか示していません。公共施設の共同化，人口移転の便益は将来世代にも及ぶため，それを反映した情報提供が行われる必要があるでしょう。

②市町村全体のあるいは中長期的な利害と地域の利害が一致する，地域Bの住民が集団的意思決定のプロセスに参加することが，決定的に重要です。しかし，意思決定コストによっては，参加しない場合があることがわかりました。その場合には，公共施設の整理・統合や人口集積によって大きな損失を被る，地域Aの一定のグループのみが集団的意思決定に参加する可能性が高くなります。集団的意思決定のコストを引き下げるなどにより，市町村全体の利害を反映した集団的意思決定とする必要があるでしょう。

③そもそも，この施策は地域経営の将来も含めた効率性の確保を，人口減少地域の移動コストの高い人の負担で実現する施策です。このため，高い移動コストを支払わなければならない人に対する痛みの緩和，公共交通網の整備や，移動，移転に関する何らかの支援などの補償措置が不可欠でしょう。投票で公共政策を決定したのですから，移動，移転によって損失を受ける住民には何らかの補償が当然行われるものと考えるべきでしょう。その補償措置によって，住民間の合意はさらに取りやすくなるものと考えられます。

245

つまりこのようなケースで痛みを伴う集団的意思決定を行うためには，①で述べたように公共施設の整理・統合に伴う，住民全体の利得についてできるだけ正しい情報に基づいた議論により，集団的意思決定を行う必要があります。その場合第Ⅱ部では集団的意思決定において有権者の選好が変わらないということが，議論の前提となっていましたが，正しい情報に基づく議論によって住民の選好は変化するかもしれません。また，②で指摘されているように，集団的な意思決定に参加する費用をできるだけ低下させることが重要です。

3　集団的意思決定の新しい技術

3.1　討議型民主主義を用いた住民とのコミュニケーション

前小節の集団的意思決定の課題は，①集団的意思決定のコストが高い場合，公共施設の整理・統合によって大きな損失を受ける住民しか参加しない状況が存在したこと，②また，明示的にシミュレーションでは触れられていませんでしたが，公共施設の整理・統合で最も大きな利益を得る将来世代を集団的意思決定に参加させていないこと，でした。①については，これまで都市のコンパクト化に関する意思決定に，議会を通してしか参加できなかった住民グループを，意思決定に直接参加させることが考えられます。例えば，**討議型世論調査**を用いた意思決定が1つの可能性を示唆してくれます。

これは以下のようなプロセスで進められます。

(1)母集団を統計的に代表するように無作為抽出された被験者を決定します。

(2)彼らを特定の場所に参集させた上で，政策課題に関する詳細な資料を与え，現地見学も交えながら十分な情報提供を行います。

(3)モデレータの司会の下で，小グループに分かれて討論して，専門家への質疑や全体会議を繰り返し，被験者の意見の変化を調査します。

この試みの第1の特徴は，住民投票のように，十分な知識を前提にした議論を重ねることもなく，1回で方向性を決めるアプローチをとっていないことです。1回の住民投票で決定された英国のEUからの離脱は，そのような決定方法の難しさを教えてくれているのではないでしょうか。必要な情報に基づく熟議によって「まちのあり方」が検討する必要があります。

第2の特徴は，公共施設が廃止されるコミュニティの住民のみならず，地方自治体の人口構成や地域構成を反映した少人数の**ミニパブリックス**と呼ばれるものが形成されていることです。これによって，これまでは議論に参加できなかった公共施設が維持される側，移転を受け入れる側の住民の参加が行われています。

3.1.1 盛岡市の取り組み

岩手県盛岡市においては，盛岡市財産部資産管理活用事務局と一般社団法人盛岡青年会議所が共催する形で，「公共施設保有の最適化と長寿命化の計画の策定」に際し，討議民主主義の手法を用いた市民意見の聴取が行われました。具体的には，住民基本台帳から無作為で抽出された満18歳以上の市民3,000人に参加案内をし，応募のあった市民から抽選によって参加者を選んでいます。この選定プロセスでは盛岡市の年齢別人口や地域別人口などの状況も考慮されています。

これらの参加者に対して，2013年10月12日と10月27日の2日間にわたって，対象テーマについての情報提供後，少人数のグループで討議を行い，今後の取り組み等について市民意見をまとめています。例えば，大新小学校，厨川児童・老人福祉・地区活動センター，青山3丁目アパートなどの現場視察の後，盛岡市の財政や建物の全体的な状態に関する説明，有識者からの公共施設再配置に関する他の自治体の動向も含めた説明が行われ，それらの説明を受けた後，複数のグループで将来の公共施設の在り方に関するアイディアを練り上げていくという作業が行われています。

このような手法は，選択肢に応じた正確な情報を与える状態を作り上げ，さらに盛岡市の年齢別人口，地域別人口の配分に従った住民が集団的意思決

定プロセスに参加することを実現しています。盛岡市の試みは最終的に応募のあった者を選定しており，ランダムに抽出した者を強制的に参加させているわけではないため，参加コストが相対的に低い者だけが参加するセレクションバイアスを完全に排除できているわけではありませんが，投票結果が歪められるリスクを相当程度緩和していると考えられます。

3.1.2 矢巾町の取り組み

また将来世代を意思決定に参加させることは非常に難しいのですが，親に将来世代である子どもの分の投票権を与える**ドメイン投票**などが提案されています。前述の，討議型世論調査なども 1 つの提案ですが，より新しい試みが始まっています。

Hara *et al.* [2019] では，岩手県矢巾町では公共施設管理の 2060 年のビジョン設計とそれを支える施策の立案をめぐって，将来世代を議論に参加させる実験が報告されています。この実験は，2060 年の将来世代の代表者として意思決定に臨む役割を与えられたグループ（仮想将来世代）と現世代グループとが交渉し，世代間対立を乗り越えた意思決定をするというものです。このような枠組みは，将来世代の利益を取り込んだ意思決定をする上で有効であるという報告がされています。この手法は**フューチャーデザイン**と呼ばれ，大きな注目を集めています。

3.2 DX 化による集団的意思決定コストの低下

また集団的意思決定を行う場合には，意思決定に参加するための費用を引き下げることが非常に重要であることも示されています。つくば市では**インターネット投票**に関する規制改革を**図表 14 − 7**のような仕組みで提案を行いました。その上で実証実験も行っています。この提案自体はいまだ実現していませんが，インターネット投票は集団的意思決定に関する費用を著しく低下させることが見込まれます。さらに，ボルダ投票のように，複数の選択肢にウェイトづけ投票を行うことも可能となります。インターネット投票に

図表 14 − 7 ▶▶▶つくば市による電子投票の提案

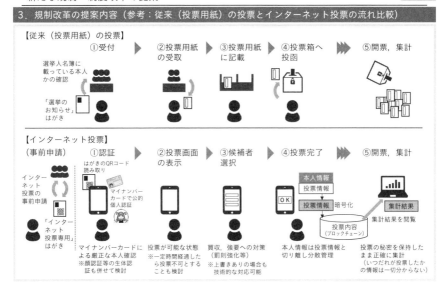

出所：国家戦略特区ワーキンググループヒアリングにおけるつくば市提出資料より（https://www.chisou.go.jp/tiiki/kokusentoc_wg/index.html）

関する議論が進むことに期待したいものです。

　また，先に提案を行った討議型世論調査では一定の報酬を行うものの，熟議の前提となる情報提供，熟議の実施のコストは無視することのできないものでした。このようなコストは，制度形成や事業について市民の関与を大きく損なうかもしません。この点についても，市民の間のコミュニケーションを電子的な手法で低下させる試みが始まっています。例えばバルセロナ市が提供し，世界の多くの国や機関でも利用されているDECIDIMでは，自治体が元々もっていたデータと都市の交通量などのデータと合わせてオープンデータとしています。プライバシーを保障しながら，広く意見を求めながら，熟議を通してみんなの意見をまとめ上げ，それを都市空間に実現していくということが行われています。このようなスマートシティに必須なデータの収集，連結の促進は，政策形成過程への参加意識にも大きな役割を果たします。

Working　　　　　　　　　　　　　　　　　　　　　調べてみよう

　市町村ごとの純人口流出入率と高齢化率の関係を調べて，ティブーメカニズムで生じるとされた，人口減少地域に高齢者が取り残されるという現象が起きているのかを確認してみよう。

Discussion　　　　　　　　　　　　　　　　　　　　議論しよう

　Working の結果とコンパクト化を進めているとされている富山市などの自治体の人口分布を比較してみて，どのような公共政策を講じることが望ましいかについて議論してみよう。

Training　　　　　　　　　　　　　　　　　　　　解いてみよう

　図表 14 － 4 の数値例を用いて，地域 B の住民が地域 A の住民の移転費用の一部を負担するとした場合に，どのような投票結果になるのかを述べなさい。さらに，地域住民 A の移転費用負担を地方債で賄って，実際の負担は 10 分割されるとした場合の結果についても述べなさい。

▶▶▶▶さらに学びたい人のために

● 中川雅之［2008］『公共経済学と都市政策』日本評論社。

参考文献

● 中川雅之［2014］「序論—公共施設をめぐる背景」『都市自治体におけるファシリティマネジメントの展望』2014 年 3 月号，64-69 頁。
● 中川雅之［2014］「公共施設・インフラの課題と対策—第 1 章　総論」『都市自治体におけるファシリティマネジメントの展望』2014 年 3 月号，64-69 頁。
● 中川雅之［2014］「ファシリティマネジメントを進めるための新たな取組み—住民と議会，自治体間連携」『都市自治体におけるファシリティマネジメントの展望』2014 年 3 月号，112-118 頁。
● Hara, K., Kitakaji, Y., Sugino, H., Yoshioka, R., Takeda, H., Hizen, Y., and Saijo, T.［2019］"Effects of Experiencing the Role of Imaginary Future Generations in Decision-Making: A Case Study of Participatory Deliberation in a Japanese Town," RIETI Discussion Pa-

per Series 19-E-104.

- Tiebout, C. [1956] "A Pure Theory of Local Expenditures," Journal of Political Economy, 64(5), pp. 416-424.

索 引

英数

1票の格差	144
DID	224, 228
EBPM	220
PDCA	215
PPBS	200
RCT 実験	215, 221
RD デザイン	224
X 非効率性	83

あ

空き家対策	192
アクセスコスト	191
アジェンダ	17
足による投票	233
アローの一般不可能性定理	115
インターネット投票	248
エージェント	130, 132
オストロゴルスキーのパラドックス	140
オペレーションズリサーチ	199

か

カーボンニュートラル	36
外部経済	27
外部性	17
外部不経済	27
価格規制	83
価格受容者	77
確率的投票モデル	176
仮想市場評価法	204

貨幣換算	202
監査調査法	227
間接民主制	129
完全競争市場	10, 77
官僚	163
議員提出法案	163
危険愛好的	195
危険回避的	195
技術革新	95
規制	33
ギバート・サタスウェイトの定理	152
規模の経済	82
逆選択	63
給付付き税額控除	106
空間計画	193
クロスセクション比較	215, 216
限界効用	14
限界収入	80
限界得票率	138
限界費用	15
現物支給	106
広義の経済効果	206
公共経済学	11
公共財	17, 41
公共財供給ゲーム	174
公共政策学	11
公共選択論	24
合計特殊出生率	186
交渉費用	33
公正性	17, 94
構造改革特別区域	218
行動経済学	183
公平性	17, 94
効用可能曲線	92
功利主義	98
効率化政策	94

効率性	26, 91
合理的経済人	10
コースの定理	33
国営化，公営化	83
国土計画	193
互酬性	177
国家資格	71
固定費用	79
個別需要曲線	44
コンドルセ勝者	118
コンドルセ投票	118
コンドルセ敗者	123
コンドルセパラドックス	121
コントロールグループ	222

さ

サーベイ実験	221
差の差分法	224
サミュエルソン条件	50, 126
参照点	195
参入規制	71
シェアリング	187
死荷重	30, 81
時間節約効果	210
時間割引率	202
シグナリング	64
時系列比較	215, 217
資源配分	16
自己選択	67
市場需要曲線	46
市場の失敗	11
市場メカニズム	16
システム分析	200
自然実験	224
自然独占	82
実験経済学	220
実験室実験	215, 220
実効集積	209

私的限界費用曲線	28
私的財	43
私的財の最適供給条件	44
死票	150
至福点	116
資本化仮説	204
市民候補者モデル	157
社会厚生	97
社会厚生関数	97
社会実験	220
社会的限界費用曲線	29
社会的無差別曲線	98
社会的余剰	16
集計需要曲線	48
囚人のジレンマ構造のゲーム	173
集積の経済	187, 208
集積の弾力性	209
住宅バウチャー制度	226
集団的意思決定	17, 112
集団的意思決定の授権	165
シュタットベルケ	86
準公共財	43
少子高齢化	181
消費者主権	106
消費者余剰	15
情報スピルオーバー	187
情報の非対称性	17, 60
情報優位性	50, 164
初期の権利配分	33
所得再分配	94
所得再分配政策	96
所得税	103
人口減少	181
人的資本投資	64
数理政治学	10
スマートシティ	191
生活保護	104
政策科学	9, 201
政策起業家（アントレプレナー）	23
政策空間が1次元	130

253

政策空間が多次元 130
政策の窓モデル 22
生産者余剰 15
誠実投票 150
政治的過程 17
正常利潤 80
政党間競争 130
政府の失敗 11
セレクションバイアス 216
戦略的投票 150
総括原価主義 83
相対多数決 122
措置グループ 222
その他空き家 192
存在価値 204
損失分担 185

た

炭素税 37
単峰型選好 121
地域間の所得再分配 189
地域の持続可能性 187
地方議会の成り手不足問題 155
中位投票者定理 119
超過利潤 80
直接便益 206
直接民主制 116
付け値地代 210, 234
ティブーメカニズム 233
デモンストレーション 215, 218
討議型世論調査 246
東京一極集中 185
投票 113
独占企業 78
独占禁止法 81
匿名性 175
都市のコンパクト化 187
ドメイン投票 248

トレードオフ 103

な

内閣提出法案 163
内部補助 86

は

ハーベイロードの前提 50, 164
排出枠取引制度 38
パターナリズム 107
バルディーズ号事件 205
パレート改善 92
パレート最適 92
パレート劣化 183
非競合性 42
ピグー税 35
ピグー補助金 36
非排除性 42
票の売買 126
費用便益分析 201
非利用価値 204
フィールド実験 226
不完全競争 17
複峰型選好 121
負の所得税 105
フューチャーデザイン 248
プライスキャップ制 85
プライステイカー 13, 77
フリーライド 43
プリンシパル 132
プリンシパル・エージェント問題 132
プロスペクト理論 195
平均投票者定理 138
平均費用価格形成原理 84
平均への回帰効果 217
平行トレンドの仮定 225

ヘドニック法……………………………204
変動費用………………………………79
ホテリング・ダウンズモデル……………130
ボルダ投票……………………………123

マッチング………………………186, 187
ミニパブリックス…………………177, 247
無知のヴェール…………………………101

や

ヤードスティック競争……………………85

誘因適合性………………………………54
ユニバーサルサービス……………………85

ら

ランダムアサインメント………………222
利益団体……………………………75, 172
利他性………………………………50, 164
リンダール税……………………………51
リンダールメカニズム……………………51
累進構造………………………………103
劣等財…………………………………107
レントシーキング………………………172
ロールズ主義……………………………101
ロビー活動……………………………172

255

▶著者紹介

中川　雅之（なかがわ　まさゆき）

1961 年秋田県生まれ。日本大学経済学部教授。1984 年京都大学経済学部卒業，経済学博士（大阪大学）。1984 年建設省入省後，大阪大学社会経済研究所助教授，国土交通省都市開発融資推進官などを経て 2004 年から現職。日本公共政策学会会長（2024 年 6 月まで），日本計画行政学会会長（2024 年 6 月まで）などを歴任。

『都市住宅政策の経済分析』（2003 年，日本評論社）で第 46 回日経・経済図書文化賞，2003 年 NIRA 大来政策研究賞を受賞。その他論文および著書で行動経済学会アサヒビール最優秀論文賞，都市住宅学会賞，日本不動産学会田中啓一賞，日本計画行政学会賞を受賞。

◆本書のお問い合わせについて◆

本書のお問い合わせは，お名前・ご住所・ご連絡先等を記載し，書名・該当ページを明記のうえ，文書にて下記へお寄せください。お電話でのお問い合わせはお受けできません。
〒101-0051　東京都千代田区神田神保町1-35　FAX 03-3291-5127
E-mail　info@chuokeizai.co.jp
㈱中央経済社編集部「ベーシック＋（プラス）公共政策論」係

公共政策論

2025年3月30日　第1版第1刷発行

著者　中　川　雅　之
発行者　山　本　　継
発行所　㈱中央経済社
発売元　㈱中央経済グループ
　　　　パブリッシング

〒101-0051　東京都千代田区神田神保町1-35
電話　03（3293）3371（編集代表）
　　　03（3293）3381（営業代表）
https://www.chuokeizai.co.jp
印刷／三英グラフィック・アーツ㈱
製本／㈲井上製本所

© 2025
Printed in Japan

＊頁の「欠落」や「順序違い」などがありましたらお取り替えいたしますので発売元までご送付ください。（送料小社負担）

ISBN978-4-502-52921-4　C3033

JCOPY〈出版者著作権管理機構委託出版物〉本書を無断で複写複製（コピー）することは，著作権法上の例外を除き，禁じられています。本書をコピーされる場合は事前に出版者著作権管理機構（JCOPY）の許諾を受けてください。
JCOPY〈https://www.jcopy.or.jp　eメール：info@jcopy.or.jp〉